AF453245

LA CUISINE SIMPLE

Tome II

TANTE MAG

LA
CUISINE SIMPLE

II. — PETIT DICTIONNAIRE
DE RECETTES DE FAMILLE

A l'usage des Jeunes Filles et des Cuisinières

ORNÉ DE DESSINS EXPLICATIFS A LA PLUME

ÉDITIONS DE " CULINA "

27, Rue des Cloys, 27

PARIS

LA CUISINE SIMPLE

Tome II

Biscuits fourrés de Confiture à la Crème anglaise

Cet entremets sucré, d'un très bel aspect, se sert aussi bien au goûter qu'au dessert, il est d'une préparation très facile, tout peut et même doit être fait à l'avance en sorte qu'au moment de servir il suffit de verser la crème.

Nous ne conseillons pas de vouloir faire les biscuits à la cuillère, pour la petite quantité qui est nécessaire mieux vaut les acheter.

On aura donc 125 grammes de biscuits à la cuillère, non pas tout fraîchement cuits, mais ayant au moins un jour ou deux; étant ainsi rassis comme ils sont moins mous et moins spongieux, ils se tiennent mieux et ne se laissent pas pénétrer par la crème comme le feraient des biscuits sortant du four.

Les biscuits seront choisis de bonne forme, plutôt bien ronds qu'aplatis et de préférence de petite taille. Pour un quart il faut en avoir au moins douze. En tous cas, on n'en utilisera qu'un nombre pair, car les biscuits sont mis deux à deux.

Comme confiture, on prendra celle que l'on a à sa disposition ou celle qui plait le mieux : abricot, groseille, marmelade de prunes de mirabelles, framboises, fraises, cerises, oranges ou gelée de quatre fruits, gelée de pommes, peu importe.

Toutefois disons que pour les entremets en général c'est la marmelade d'abricots et la gelée de groseilles qui sont le plus souvent employées, et ce sont aussi ces confitures qui conviennent le mieux pour les pâtisseries et les entremets sucrés, l'abricot surtout.

En prenant un par un les biscuits on étend sur la partie plate une couche de la confiture choisie, ceci se fait comme une tartine, en mettant une bonne épaisseur; puis sur la partie tartinée de confiture, on applique un second biscuit, sec celui-ci. Les deux biscuits se trouvent donc accolés ensemble à la façon des macarons que l'on voit chez les pâtissiers.

Au fur et à mesure qu'ils sont ainsi préparés on place les biscuits sur un plat, une coupe, une jatte, en un mot dans le récipient où l'entremets sera servi. On pose au fond deux doubles biscuits, sur ceux-ci et en les croisant, c'est-à-dire en les mettant dans l'autre sens, on met encore deux doubles biscuits et ainsi de suite, on continue à disposer les biscuits fourrés de confiture en les posant alternativement en long et en large.

Cette préparation peut être faite longtemps à l'avance, il suffit de ranger les biscuits à l'abri de la poussière et des insectes. Environ une heure avant de servir on arrosera les biscuits, garnis de confiture avec un peu de kirsch; le kirsch doit seulement parfumer l'entremets, il ne faut pas qu'il baigne les biscuits ce ne serait pas bon. Du reste ceci est aussi une question de goût, de même qu'on peut varier le parfum à volonté, mais c'est incontestablement le kirsch qui doit être préféré, car il donne les meilleurs résultats.

D'autre part on prépare une crème anglaise ou crème liquide. Celle-ci sera faite en temps utile pour être bien refroidie.

Dans une casserole émaillée, ou autre bien intacte, on met à bouillir un litre de lait — l'ébullition préalable est nécessaire aussi bien en hiver qu'en été pour être sûr que le lait ne tourne pas, ce qui gâterait tout. — Si le lait n'était pas d'excellente qualité, il serait bon de le laisser réduire quelque peu, pour qu'il s'évapore d'un quart environ. Avec du très bon lait il suffit de trois quarts de litre pour la quantité de biscuits indiquée.

Le lait ayant bouilli on y met à infuser une gousse de vanille, on couvre la casserole pour la laisser, sans cuire, sur le coin du feu pendant au moins un bon quart d'heure. On peut aussi parfumer avec du zeste de citron que l'on met à infuser dans le lait. On ne laisse que la partie jaune, le blanc donnant une amertume insupportable.

Dans une casserole très nette et de grandeur appropriée on met 250 grammes de sucre en poudre, on ajoute 7 ou 8 jaunes d'œufs qui ont été cassés à part pour s'assurer de leur parfaite fraîcheur, on joint une toute petite pincée de sel fin. Avec une cuillère en bois on travaille les jaunes et le sucre pendant au moins dix minutes jusqu'à ce que le mélange devienne blanc et mousseux, qu'il fasse le ruban (terme de pâtisserie qui signifie que la composition se plisse à la façon d'un ruban en la faisant tomber de haut).

Petit à petit en ne cessant pas de remuer on y verse le lait bouilli et parfumé. On remet la casserole, sur un feu doux et on remue toujours avec la cuillère jusqu'au moment où la crème nappe bien la cuillère; c'est l'instant proche de l'ébullition; lorsqu'on en voit les premiers symptômes — car trop épaisse la crème caillebotterait — il faut bien vite retirer la casserole du feu, et en verser immédiatement le contenu dans un saladier; on remue pour faire refroidir.

Au lieu de la mettre directement dans un saladier, il est préférable de passer la crème dans une fine passoire ou au tamis de soie.

Bien des personnes trouvant que la crème anglaise composée exclusivement de lait, de sucre et de jaunes d'œufs est d'un prix de revient assez élevé (ce qui est exact) conseillent, en diminuant le nombre de jaunes d'œufs, d'ajouter au mélange du sucre et des œufs, une cuillerée de fécule ou d'arrow-root; tel n'est pas notre avis. Mieux vaut, et nous trouvons même la crème ainsi faite meilleure, car elle se tient mieux que celle qui ne renferme que des jaunes, nous trouvons, dis-je, très bien de mettre avec les jaunes d'œufs quelques blancs; soit quatre jaunes et deux œufs entiers; les blancs donnent du corps à la crème et elle n'en est pas moins bonne, tandis que la farine, quelle qu'elle soit, dénature une crème.

En ce cas, il ne faut pas omettre de passer la crème car les germes contenus dans les blancs ne doivent pas être retrouvés.

Au moment de servir seulement on verse la crème autour, mais non pas sur les biscuits. Ceux-ci resteront secs au milieu de la crème liquide.

La crème peut être donnée seulement refroidie ou même tiède, mais pas chaude. Elle est meilleure rafraîchie ou mieux encore glacée.

Haricots verts aux Tomates

Voici une manière d'assaisonner les haricots verts qui est, certes, peu connue.

La tomate que l'on adjoint aux haricots les modifie totalement quant au goût, et en fait en quelque sorte un nouveau plat.

Du reste, de plus en plus on utilise la tomate non seulement comme légume, mais encore comme condiment. Si, dans le Nord, la tomate est relativement peu abondante, dans le Midi de la France, au contraire, on la voit en quantité, et la cuisine ne saurait s'en priver. En Italie, tous les mets, pour ainsi dire, demandent l'appoint de son acidité légère à la tomate, et si les Méridionaux ne s'en lassent jamais, sans avoir leurs goûts, tous les gourmets peuvent trouver parfois à leur convenance un mets ainsi accommodé.

Les haricots vers aux tomates se-

raient originaires de Turquie, ce me semble. En tous cas, nous voulons en donner la recette.

Prendre des haricots de moyenne grosseur, point des fins, ni des trop gros. Après les avoir épluchés comme à l'ordinaire, bien lavés et égouttés, on prépare une casserole dans laquelle on fait chauffer du beurre ou de la bonne graisse; on y coupe en petits dés un oignon; quand il est doré sans avoir bruni, on y met les tomates. Pour un kilog. de haricots, il faut au maximum un demi-kilog. de tomates, du reste ceci est une question de goût, on peut n'en mettre qu'une demi-livre même.

Les tomates choisies bien saines sont d'abord lavées, puis épluchées des parties abîmées ou vertes, on retire également la peau. Pour que la peau se détache facilement, on sait qu'il suffit de plonger les tomates une ou deux minutes dans l'eau bouillante. Coupées en morceaux, les tomates sont ajoutées dans la casserole contenant l'oignon préalablement doré. On les tourne sur un feu peu ardent pour qu'elles fondent doucement, c'est seulement lorsqu'il n'y a plus de morceaux qu'on ajoute les haricots.

Si les tomates ont rendu beaucoup d'eau, il n'est pas nécessaire de mettre de l'eau chaude; au cas contraire, on en ajoute pour que le légume ne puisse brûler. On met du sel, du poivre, et un bouquet de persil.

Quand on est pressé, il est plus rapide de mettre les haricots directement dans la graisse où l'on a fait dorer l'oignon, on ajoute de l'eau pour faire cuire, tandis que d'autre part on fait fondre les tomates dans une poêle où l'on a mis un peu de beurre ou de graisse. Les haricots cuisent ainsi vivement, et il suffit d'y joindre les tomates bien fondues, pour achever la cuisson des haricots avec les tomates.

Au moment de servir, il faut toujours faire réduire à courte sauce et rectifier l'assaisonnement en cas de besoin.

Les haricots accommodés ainsi avec des tomates ont un certain goût acidulé qui est agréable; du reste, la tomate donne un arome assez plaisant et il convient de ne pas ignorer qu'elle est essentiellement digestive, surtout lorsqu'elle est cuite.

Haricots verts aigre-doux

On aime à varier les apprêts de tous les mets, « l'ennui naquit un jour de l'uniformité », a-t-on dit. Ceci pourrait être répété en matière de cuisine, car l'estomac se fatigue des plats présentés sous la même forme.

Au moment de la pleine production des haricots verts, on est bien aise de pouvoir diversifier la manière de les accommoder.

Pour les haricots aigre-doux, il faut avoir des haricots verts bien frais et plutôt fins; les gros ne conviennent point en l'occasion.

Etant effilés en rompant les deux bouts avec les doigts et bien lavés, les haricots sont mis à égoutter dans une passoire.

On fait cuire les haricots à l'eau bouillante salée, pour qu'ils restent bien verts on devra les mettre dans une eau très abondante, laisser la marmite découverte et avoir un grand feu pour qu'ils cuisent rapidement. Pour les faire reverdir après la cuisson, il est à conseiller de les mettre dans une passoire sous un robinet d'eau fraîche.

On reconnaît que les haricots sont cuits lorsqu'ils cèdent sous la pression du doigt, mais comme ils doivent être fricassés, il ne faut pas un excès de cuisson, sous peine qu'ils ne tombent en bouillie quand on les assaisonnera. En tous cas, les haricots étant blanchis, passés à l'eau fraîche ou non, on les met à égoutter.

Dans une casserole on fait fondre un bon morceau de beurre, on y émince en petits carrés un oignon; cet oignon ne doit pas cuire rapidement, mais plutôt on le laisse étuver dans le beurre tout doucement, en sorte qu'il cuise et se colore en même temps, pour être seulement blond.

On ajoute une cuillerée de farine; toujours sur un petit feu ou sur le coin du fourneau, on laisse cuire la farine pour qu'elle perde son goût; elle ne doit pas brunir, car il importe que la sauce soit peu colorée. Ce roux blond est délayé avec de l'eau chaude en ayant soin d'éviter les grumeaux, ensuite on y joint les haricots, on assaisonne de sel et poivre comme à l'ordinaire, puis on ajoute deux cuillerées de sucre en poudre ou sucre semoule, on laisse bien chauffer et cuire, ensuite on retire la casserole sur le côté du feu pour mettre une cuillerée à bouche de vinaigre. A partir du moment où le vinaigre a été ajouté, le légume ne doit plus bouillir. On sert bien chaud dans un légumier ou dans un plat.

Au lieu de faire blanchir les haricots, on les fait aussi cuire exactement comme les haricots aux pommes de terre *(Voir cette recette)* en joignant assaisonnement et liaison en dernier lieu. Sans doute les haricots ont ainsi plus de goût que lorsque la cuisson a été faite en pleine eau.

Dans une casserole de grandeur voulue on fait dorer, avec du beurre ou de la bonne graisse, un oignon coupé en menus morceaux sans le laisser brunir, on ajoute les haricots; après les avoir tournés dans la graisse, on verse de l'eau chaude, en sorte qu'ils soient à demi-baignés. On fait cuire à bon feu, la casserole hermétiquement couverte. Les haricots doivent être cuits, mais sans exagération, il ne faut pas qu'ils s'écrasent.

Au moment de servir, on prépare une liaison : dans une assiette de cuisine, on met une cuillerée de farine, une forte cuillerée ou deux petites cuillerées de sucre en poudre; du sel et du poivre, si l'on n'en avait pas mis à la cuisson; on délaie le tout avec une ou deux cuillerées d'eau froide, en évitant les grumeaux, puis on allonge avec de l'eau chaude ou avec du jus de cuisson des haricots si la sauce est longue. On mêle dans les haricots et on laisse donner quelques bouillons, ceci afin que la farine ne conserve pas son goût de cru.

Hors du feu, on joint une cuillerée de vinaigre. On remue bien et on goûte pour rectifier l'assaisonnement selon les préférences. Du reste, pour les quantités de sucre et de vinaigre, elles peuvent être très variables selon l'acidité même du vinaigre employé.

Tête de Veau en Tortue

La tête de veau en tortue est un plat fort estimé qui change un peu de la tête de veau à la vinaigrette; la préparation en est quelque peu plus compliquée, car il faut tout d'abord faire cuire la tête de veau proprement dite comme pour la manger au naturel, puis on prépare une sauce où entrent diverses garnitures.

Pour cuire une tête de veau, il faut commencer par la faire dégorger dans de l'eau fraîche plusieurs fois renouvelée pendant vingt-quatre heures en hiver; six à huit heures en été. Auparavant le poil a été enlevé au moyen de l'eau bouillante, et au besoin on la flambe légèrement pour brûler ce qui reste, mais en ayant soin de ne point la noircir.

Ensuite, on la fait blanchir pendant dix minutes en la cuisant à grande eau pure, on l'écume, puis après l'avoir retirée de l'eau on la remet à l'eau fraîche, pour la mettre à égoutter après quelques instants d'immersion; cette opération a pour but de débarrasser la tête de l'albumine qui s'y est collée.

Le plus souvent à Paris et dans les grandes villes, les bouchers faisant dégorger et blanchir la tête de veau, on l'achète chez eux toute prête, mais nous avons cru intéressant de donner ces indications pour le cas où, à la campagne, on ne pourrait se procurer qu'une tête non apprêtée.

Ordinairement la tête de veau est achetée entière ou détaillée avec les os, mais on peut aussi trouver à l'acheter sans os; le prix en est plus élevé naturellement, toutefois ce nous semble plus avantageux, car nul ne l'ignore, il y a beaucoup de perte dans une tête de veau.

Toujours, il faut nettoyer soigneusement la tête avant de la faire cuire : l'intérieur des oreilles surtout appelle l'attention, on y introduit un petit bâton enroulé d'un linge mouillé avec lequel on peut enlever ce qui s'y trouverait de malpropre, les naseaux seront aussi visités attentivement, on en coupe le bout après avoir enlevé la peau qui les recouvre.

Pour que la tête de veau soit plus blanche, on la frotte avec du jus de citron, pour cela il suffit de couper un citron en deux et de se servir de la moitié pour en frotter la peau.

Il est bon de mettre une carotte dans chaque oreille si l'on tient à leur conserver leur forme, puis on enveloppe la tête dans un linge blanc ; on attache ce linge avec une ficelle pour qu'il ne puisse se déranger, ceci a aussi pour effet de maintenir la tête en bonne forme.

On met la tête de veau à cuire dans un récipient de grandeur appropriée, un pot-au-feu en terre ou en émail convient bien. On couvrira avec de l'eau froide et on fera partir à petit feu pour écumer dès que l'ébullition se produit; en ajoutant à ce moment un peu d'eau froide on favorise la montée de l'écume ce ne peut que purifier. Après qu'on a parfaitement écumé, on met du sel, du poivre en grains et on aromatise avec thym, laurier, persil, ail, un oignon piqué de clous de girofle et un peu de vinaigre.

On couvre la marmite, mais pas hermétiquement, car il est préférable de placer le couvercle de façon à ménager une petite ouverture pour le dégagement de la vapeur : ainsi le bouillon ne sera pas trouble; cette précaution n'est pas superflue, au cas où l'on voudrait utiliser le court-bouillon gélatineux pour une sauce.

La tête de veau cuira comme un pot-au-feu à feu régulier et continu; si l'eau de cuisson avait tari, on ajoute-

rait de l'eau bouillante, car la viande doit toujours baigner.

Le temps de cuisson varie selon que la tête provient d'un veau plus ou moins jeune, et qu'on l'a laissé entière ou par moitié. Deux heures est un minimum de cuisson.

Certaines personnes condamnent absolument le procédé qui consiste à cuire la tête de veau sans être coupée, elle resterait brune le plus souvent disent-elles. Tel n'est pas notre avis : si la tête de veau a été bien dégorgée, bien blanchie et débarrassée de tout le sang qu'elle pouvait contenir, elle sera blanche.

Puis c'est une erreur de croire que pour obtenir une chair plus blanche, il soit nécessaire de la cuire dans un blanc, c'est-à-dire, avec addition de farine et de graisse, on ne réussit qu'à la faire surir et fermenter plus vite, ce qui déprécie beaucoup la tête de veau naturellement fort délicate.

Pour être cuite à point, la chair doit rester un peu ferme et non pas molle, résister sous la dent. Une tête de veau trop cuite se défait, tombe en morceaux et n'a aucun goût, outre qu'elle n'est guère présentable.

Lorsque la tête de veau est parvenue à l'état de cuisson voulue, on l'égoutte, on la retire du linge; si elle n'a pas été désossée on la désosse en ayant bien soin de n'y pas laisser subsister le plus petit bout d'os, on la coupe en morceaux de quatre à cinq centimètres de côté; on conserve les oreilles intactes, on peut en ciseler le bord que l'on renverse en les retournant en arrière en forme de cornet, on les dressera à chaque extrémité du plat.

Sauce tortue. — Quand la tête de veau, cuite à point a été partagée en morceaux, on presse ceux-ci pour en retirer tout le jus de cuisson et on les met dans la sauce qui a été préparée d'autre part.

Dans la véritable sauce tortue, on fait infuser des herbes aromatiques : majolaine, romarin, sauge, basilic, de ces herbes achetées chez le pharmacien ou l'herboriste, il en faut en tout pour quinze à vingt centimes. Toutefois, disons que le plus souvent on se contente de quelques brindilles de basilic.

Dans une petite casserole, on a fait fondre un peu de beurre ou de bonne graisse blanche, quand la graisse est chaude, on y coupe en petits carrés un gros oignon, l'oignon doit cuire lentement pour dorer, on remue de temps en temps avec la cuillère de bois. Dès que l'oignon a pris une belle couleur blonde on saupoudre d'une grosse cuillerée de farine, on laisse cuire quelques minutes pour roussir, on mouille en délayant afin qu'il n'y ait point de grumeaux ; c'est du bouillon ou du jus de cuisson de la tête de veau que l'on prend pour le mouillement ; on y met à infuser les aromates, et on ajoute environ un grand verre et demi de vin blanc, ou mieux un verre de vin de Madère sec, on joint quelques piments écrasés ou du poivre de Cayenne, un bouquet de persil, thym, laurier, en outre on coupe en petits morceaux deux belles tomates, à moins qu'on ne préfère les remplacer par deux à trois cuillerées de purée de tomates. Si on avait des parures de champignons ou de truffes on pourrait les y joindre.

La sauce doit être bien épicée, très relevée, on se rendra compte si du sel y est nécessaire, étant donné qu'on y a mis du bouillon, ce n'est pas certain. La sauce doit cuire ou plutôt mijoter pendant au moins une heure. Ensuite on passe la sauce au tamis fin et on la met dans une autre casserole propre, suffisamment grande pour contenir tout le plat.

Pendant que la sauce a cuit, on a préparé toutes les garnitures qu'on y veut faire entrer, soit selon les goûts et les ressources : des petits champignons cuits ou plutôt blanchis, des olives qui ont été dénoyautées, des cornichons coupés en morceaux ou mieux tournés en forme d'olives, des quenelles truffées ou non truffées, des crêtes et des rognons de coq, de la cervelle, de la langue coupée en morceaux, des écrevisses, des jaunes d'œufs durs, des fonds d'artichauts.

On mélange dans la sauce toutes ces garnitures, sauf les jaunes d'œufs, qui se déferaient en les remuant.

La tête de veau ayant été épongée sur un linge est mise quelques instants dans la sauce afin qu'elle s'y assaisonne et s'y chauffe bien. La sauce doit être assez épaisse et bien liée, elle est de belle couleur par la teinte du roux et l'adjonction de tomates. Répétons que l'assaisonnement doit être relevé, on goûtera pour rectifier si besoin, il y a.

En mettant les garnitures on peut ajouter un petit verre de bon cognac et autant de madère.

Les morceaux de tête de veau sont dressés le plus possible en pyramide au milieu d'un plat rond en faisant dominer les oreilles.

Autour on range des croûtons de pain frits dans le beurre, et les écrevisses où les fonds d'artichauts s'il y en a, sans oublier les œufs durs.

On verse la sauce pour napper le tout et on envoie le reste dans une saucière si le plat ne peut tout contenir.

Gâteau Pain de Gênes

Le gâteau de pain de Gênes rentre dans la catégorie des pâtisseries d'une exécution facile. Ce gâteau, qui se conserve très bien pendant plusieurs jours, se donne aussi volontiers comme entremets au dessert, qu'il se sert pour le thé ou simplement lors d'un goûter.

Pour le préparer, il faut des amandes douces qui doivent être mondées et séchées. Mieux vaut les débarrasser de leurs peaux à l'avance et les faire sécher à chaleur douce. Ceci peut être fait la veille, les amandes sont ainsi plus faciles à piler.

Pour monder les amandes, lorsqu'on les a visitées, car il s'en trouve parfois qui ont été attaquées par les bêtes, on les met dans de l'eau bouillante. Après un ou deux bouillons, la peau doit se détacher en pressant l'amande entre les deux doigts ou, pour mieux dire, entre le pouce et l'index. Verser alors amandes et eau dans une passoire, les mettre dans l'eau froide ou simplement sous un robinet d'eau, pour les faire ensuite égoutter; on peut ainsi les monder facilement et sans se brûler les doigts, ce qui aurait lieu inévitablement si on les avait laissées dans l'eau chaude ou qu'on ne les ait pas rafraîchies. Les amandes mondées sont mises à sécher; au cas où l'on est pressé, on les place à l'entrée du four en les surveillant pour qu'elles sèchent tout simplement mais qu'elles ne grillent pas, la moindre coloration serait nuisible.

Les amandes doivent être pilées très finement, de manière à obtenir une poudre bien fine. A cet effet, on commence par les mettre dans un pilon ou un mortier pour les concasser et les piler.

Avant d'indiquer la manière de piler les amandes, il nous faut noter ce qui est nécessaire à la préparation du gâteau, car sur les pesées il nous faudra prendre un peu de sucre en poudre pour le joindre aux amandes.

On compte donc 125 grammes d'amandes, 150 grammes de sucre en poudre, 60 grammes de bon beurre frais, 35 grammes de farine de gruau et 3 œufs entiers. On parfume avec une cuillerée à bouche de kirsch ou avec égale quantité de rhum. L'arome, on le sait, se met selon les goûts; toutefois, le kirsch est non seulement meilleur, mais encore son parfum s'allie pour le mieux avec les amandes.

Donc, sur la quantité de sucre susindiquée, on prendra une ou deux pincées de sucre que l'on ajoutera avec les amandes, ceci les empêche de tourner en huile. Si, après voir pilé quelque peu et en dépit du sucre qu'on a mis, on constatait que les amandes auraient tendance à huiler, on pourrait joindre la cuillerée de kirsch; ceci est une indication, mais cette addition n'est pas toujours nécessaire, cela dépend de la qualité des amandes.

Il est plutôt difficile de piler les amandes en poudre fine; pour y parvenir, il faut, quand on a commencé le travail, les retirer du mortier : on y trouve de gros morceaux d'amandes qu'on remet dans le pilon pour les travailler à nouveau; ou encore, on désagrège les amandes pilées et on peut les passer au tamis pour obtenir, d'une part de la poudre d'amandes, de l'autre des amandes grossièrement concassées qu'on pile à nouveau par petites quantités, c'est plus vivement fait que de vouloir piler en une seule fois.

Les amandes ou plutôt la poudre

d'amandes est mise dans une assiette où on la mélange avec la farine.

D'autre part on prépare la pâte. Dans une terrine de petite taille ou dans un saladier, on met le beurre. En été, le beurre, étant mou, se travaille bien, tandis qu'en hiver, du beurre ferme doit être ramolli; pour cela, on met la terrine à tiédir à l'entrée du four, à moins qu'on ne préfère la faire chauffer en la plongeant dans un récipient contenant de l'eau chaude. En tous cas, le beurre doit être ramolli, mais non fondu.

Le beurre ramolli en pommade est travaillé à l'aide de la cuillère de bois avec le reste de sucre en poudre jusqu'à ce que le mélange devienne blanc et bien lisse. On ajoute alors un par un les 3 œufs, qu'il est prudent de casser à part dans un bol. On continue à travailler fortement la pâte après chaque addition d'un œuf, alors la cuillère de bois peut être remplacée par le fouet en fil de fer.

Si en travaillant on s'apercevait que la pâte devenait trop liquide, trop légère, un peu à la façon d'une sauce mayonnaise qui s'éclaircirait, il serait préférable, entre chaque œuf, d'ajouter un peu de la poudre d'amandes mêlée à la farine; du reste, les amandes doivent être mises en deux ou trois fois. On joint à ce moment la cuillerée de kirsch si elle n'a été versée auparavant dans les amandes.

On prépare le moule. Celui-ci ayant été bien essuyé, on met au fond un papier d'office que l'on beurre au pinceau avec du beurre fondu en huile, on beurre également le tour du moule, puis on verse la pâte qui ne doit remplir le moule qu'aux trois quarts tout au plus.

La cuisson sera faite dans un four de chaleur moyenne plutôt même à feu doux. Le gâteau est cuit au bout de 30 à 35 minutes; il faut faire bien attention à ce que le feu ne soit pas trop ardent et ne colore pas le gâteau plus qu'il ne convient. Si, étant coloré avant d'être cuit à l'intérieur, il convenait de le laisser encore au four, il serait bon de mettre sur le gâteau un morceau de papier blanc que l'on mouillerait sur le dessus, ceci fait obvier aux coups de feu malencontreux.

Le pain de Gênes est cuit lorsque une aiguille à tricoter que l'on y enfonce en est retirée sèche. Du reste, ceci est une indication pour la cuisson de la plupart des gâteaux se rapprochant plus ou moins de ces genres de pâtes.

A la sortie du four, il est bon de laisser reposer environ un quart d'heure dans le moule. En démoulant, prendre garde, car parfois le gâteau colle autour du moule là où il n'y avait pas de papier.

Faire refroidir le pain de Gênes sur une grille ou sur un clayon.

Ce gâteau ne doit pas être mangé chaud. On le sert froid et mieux encore, il est meilleur fait la veille ou même l'avant-veille. Il est encore bon au bout d'une semaine et même plus.

Toujours, lorsqu'on doit conserver des gâteaux de ce genre, il importe de les mettre dans des boîtes de fer-blanc qui seront hermétiquement closes afin que l'air et la poussière n'y puissent pénétrer, et aussi pour mettre le contenu à l'abri des odeurs dont ils s'imprègnent trop aisément.

Pudding de Cabinet à la Crème Sabayon

Pour faire ce pudding, d'aussi bel aspect qu'il est bon lorsqu'il est bien réussi, il faut se procurer tout d'abord 1/4 de livre, soit 125 grammes de biscuits à la cuillère; ceux-ci ne doivent pas être tout frais, trop mous, en ce cas ils ne se tiendraient pas bien et absorberaient trop facilement la crème.

On aura aussi 60 grammes de raisins de Corinthe, 60 grammes de raisins de Smyrne, 60 grammes de raisins de Malaga, 60 grammes d'angélique confite. On peut y ajouter autant, soit 60 grammes de cédrat et, si l'on veut, un peu d'ananas confit et de reine-claude et aussi quelques cerises.

Il faut nettoyer soigneusement, visiter, équeuter et laver à plusieurs reprises les raisins de Corinthe. On se trouve bien de les rouler avec de la farine dans le coin d'un torchon pour les désagréger et pouvoir les visiter avec soin. Quand ils auront été débarrassés des petites pierres et des queues, on les met dans une passoire à petits trous que l'on plonge dans un récipient contenant de l'eau tiède, on frotte avec les mains, on relève la passoire pour recommencer à l'immerger dans l'eau jusqu'à ce que les raisins étant propres, l'eau reste claire.

Les raisins de Smyrne sont visités et un peu lavés, car ils ne sont pas bien sales; il en est de même pour les raisins de Malaga, qu'il est préférable d'épépiner; les raisins sont réunis et mis à mariner dans du rhum. On met aussi à tremper dans le rhum, le cédrat confit qu'on a dû hacher finement. L'ananas et les reines-claude seront coupés en petits dés.

D'autre part, on prépare une crème pour laquelle il faut un demi-litre de lait, 3 œufs entiers et 100 grammes de sucre en poudre ou sucre semoule.

On fait bouillir le lait et on y met à infuser un morceau de vanille. Dans une casserole ou dans un saladier, on travaille les œufs avec le sucre jusqu'à ce que le mélange devienne mousseux; petit à petit et tout en ne cessant pas de travailler, on verse dessus le lait bouillant, on met sur le feu et on continue à tourner jusqu'à ce que le mélange nappe la cuillère; on ne laisse pas cuire, car si la crème était cuite, elle tournerait, s'épaissirait en formant des caillots. Il vaut mieux retirer la crème imparfaitement cuite, plutôt que de risquer de dépasser le degré voulu.

On aura beurré un moule uni ou historié. On peut se contenter de garnir le tour et le fond avec des biscuits à la cuillère, mais le gâteau se présente mieux quand on prend la peine de l'orner avec des fruits confits. Au fond, avec de l'angélique taillée en tranches, on formera une étoile, tandis qu'on disposera selon son goût des cerises qui alterneront avec des morceaux d'ananas et qu'on posera des carrés d'autres fruits confits ainsi que des raisins de Malaga. On arrange l'ornementation à son gré.

On mêle ensemble, les raisins marinés et les fruits confits.

Le moule étant garni de biscuits, on met une couche de fruits confits et marinés, puis successivement des biscuits et du salpicon de fruits confits en couches alternées, en ayant soin de croiser les biscuits, c'est-à-dire de les mettre une fois en long, une fois en large.

Le moule étant empli, on verse sur

les biscuits, raisins et fruits confits, peu à peu la crème qui ne doit pas être trop chaude. Pour faciliter l'immersion des biscuits par la crème, on peut enfoncer par endroits la lame d'un couteau dans les biscuits. On laisse la crème bien imbiber les biscuits pendant au moins un quart d'heure.

Puis on place le moule au bain-marie dans un récipient moins haut que lui et contenant seulement moitié d'eau bouillante. On met au four pour laisser cuire de 40 à 50 minutes, sans qu'il y ait d'ébullition. Au cas où le pudding commencerait à prendre couleur, il serait bon de le couvrir d'un papier blanc. A défaut de four, on peut placer la casserole faisant office de bain-marie sur un feu doux et mettre un peu de cendre chaude sur le couvercle, ou encore utiliser un four de campagne, ce qui est analogue.

On devra laisser reposer le pudding avant de le démouler, il se tasse ainsi et se tient mieux. Étant un peu refroidi, on le renverse sur un compotier et on le présente tel ou masqué avec une crème Sabayon.

En retournant le pudding pour le servir, ce qui était le fond forme le dessus, et on voit l'ornementation de fruits confits que l'on avait disposé; ce n'en est pas meilleur, mais c'est plus flatteur à l'œil.

Crème Sabayon

La crème Sabayon, se donne comme accompagnement de puddings, de gâteau de riz et de divers entremets.

Pour 4 jaunes d'œufs, on compte 100 grammes de sucre en poudre ou sucre semoule; il faut en outre deux petits verres ordinaires de bon vin blanc et deux cuillerées à bouche de kirsch bien aromatisé.

Dans une petite casserole en émail bien intact, ou dans une casserole de nickel ou d'aluminium, on met les 4 jaunes d'œufs avec le sucre en poudre, on mélange bien le tout et on travaille jaunes et sucre avec le fouet pour que ce devienne mousseux; on verse peu à peu le vin blanc en continuant à fouetter, puis on pose la casserole contenant l'appareil sur un feu très doux ou mieux encore on la met au bain-marie, mais sans en laisser bouillir l'eau. De quelque façon que se fasse la cuisson, on continue à travailler avec le fouet et cela sans discontinuer, pour que la crème soit bien mousseuse; elle se raffermit un peu et, dès que le mélange semble prendre quelque peu de consistance, on arrête de travailler au fouet pour remuer avec une spatule ou une cuillère de bois; on promène la cuillère à plat sur le fond de la casserole, et dès qu'on sent qu'elle est nappée par la crème, on retire du feu.

A ce moment, on aromatise avec le kirsch. Le parfum doit être ajouté au dernier moment et il ne doit pas cuire. Quelque liqueur que ce soit, elle perdrait son goût en cuisant.

C'est au moment de servir seulement que la crème Sabayon est versée sur le pudding. En la mettant à l'avance, elle entrerait dans le gâteau, et la sauce comme l'entremets seraient dénaturés.

On verse avec soin seulement une partie de la crème sur le gâteau, le reste est servi à part dans une saucière, car il suffit que le pudding soit nappé de crème.

Au lieu du kirsch, on peut mettre

toute autre liqueur : marasquin, rhum, etc., etc. Ou encore on parfume simplement avec le zeste d'un citron.

La crème Sabayon peut également se faire de même façon en remplaçant le vin blanc par du vin de Madère ou du vin de Champagne. En ce cas, on supprime la liqueur spiritueuse. Quand on met madère ou champagne, on n'en compte que la moitié de la quantité sus-indiquée, et on met autant de lait.

N'omettons pas de noter que chaque fois qu'une crème Sabayon doit accompagner un gâteau de riz, de semoule, etc., etc., il faut que celui-ci soit fait nature, c'est-à-dire qu'on ne mettra pas de caramel dans le moule, la crème avec vin ou liqueur ne pourrait aller avec du caramel.

Haricots verts aux Pommes de terre

Les haricots verts accompagnés de pommes de terre constituent un bon plat de ménage bien nourrissant; l'adjonction de pommes de terre le rend substantiel, alors que les haricots verts seuls n'ont pas beaucoup de qualités nutritives.

Pour accommoder ainsi les haricots, il ne faut pas les choisir très fins, au contraire; de beaux haricots moyens et même gros, mais sans excès, conviennent parfaitement.

Toujours il faut avoir des haricots bien frais qui, tout en étant gros, soient tendres et ne contiennent guère de fils.

On épluche les haricots en rompant les deux bouts avec les doigts, de façon à faire suivre le fil sur toute la longueur, on retire ainsi les fils de chaque côté s'il en existe; de plus il est nécessaire, pour des haricots de moyenne grosseur même, de les casser en deux; parfois de nouveaux fils se retirent ainsi.

Si parfois on voulait utiliser des haricots quelque peu trop gros, bien qu'ils fussent encore tendres après les avoir épluchés et en avoir bien enlevé les fils, avec un couteau on les fendrait en deux dans leur longueur. Ajoutons qu'il est préférable de ne fendre ainsi les haricots qu'après qu'ils auront été lavés, ensuite on les met dans une passoire pour passer un peu d'eau dessus; mais des haricots ainsi coupés perdraient tout leur suc s'il fallait les laver alors.

Les haricots étant épluchés, on doit les laver à grande eau en les frottant avec les deux mains; on les sort de l'eau pour les mettre dans un autre récipient et les laver à nouveau, ceci pour que le sable ou la terre que contenait la première eau reste sûrement au fond. Bien lavés, les haricots sont mis à égoutter dans une passoire.

Dans une casserole en cuivre étamé, on fait chauffer un bon morceau de beurre ou de la graisse pour y couper en petits carrés un oignon assez gros; on laisse dorer cet oignon en remuant de temps en temps avec la cuillère de bois et en surveillant pour qu'il ne noircisse pas, mais prenne seulement une belle couleur blonde.

On ajoute alors les haricots bien égouttés, on les tourne dans la graisse, ils deviennent d'un beau vert, et quand sur un feu moyen on a fait passer tous les haricots dans la graisse sans griller ni roussir, on joint de l'eau bouillante. Cette eau aura été mise à chauffer en même temps que les haricots ont été versés dans la casserole. Il ne faut jamais mettre de l'eau froide qui aurait pour effet de faire durcir les légumes.

Après avoir assaisonné d'une pincée de gros sel et d'un peu de poivre, on met un bouquet de persil, on couvre la casserole et on laisse cuire à feu vif et continu. L'eau doit couvrir environ à moitié les haricots, il n'y a donc aucun risque qu'ils ne brûlent.

Pendant que les haricots cuisent, on prépare des pommes de terre : il est préférable de les choisir régulières et de moyenne grosseur, en sorte qu'on les puisse laisser entières, c'est mieux sous tous les rapports, car si le plat se présente sous un plus bel aspect, c'est aussi meilleur, les pommes de terre ne se défont pas, comme on risque de les retrouver quand on a dû les couper. Si, cependant, les pommes de terre étant trop grosses, il fallait les détailler, ce serait en deux ou en quatre en longueur, c'est plus joli ainsi.

Pour un kilog. de haricots on mettra un demi-kilog. de pommes de terre, c'est une bonne proportion.

Avant de joindre les pommes de terre, on peut remuer les haricots avec la cuillère de bois, s'assurer s'il y a encore suffisamment de jus, ajouter un peu d'eau chaude si on le juge nécessaire, mais pas beaucoup, car il ne doit plus y avoir de sauce lorsqu'on servira le légume.

Quand les haricots ont cuit environ une heure, et soit une grande demi-heure avant de servir, on met les pommes de terre sur le dessus, on saupoudre de sel; on couvre et on laisse cuire; mais à partir du moment où les pommes de terre ont été ajoutées, il ne faut plus remuer dans la casserole sous peine de les faire durcir.

Pour s'assurer de la cuisson, il est facile de glisser la cuillère de bois vers le milieu pour constater que le légume ne s'attache pas au fond; si l'on jugeait qu'il n'y eût plus de jus, et par suite qu'il fût prudent de mettre à nouveau un peu d'eau chaude, il n'en faudrait que très peu, car, on ne saurait trop le répéter, tout le jus doit avoir réduit quand on apporte le légume sur la table.

On verse dans un plat ou un légumier en rangeant les pommes de terre autour.

Ne pas oublier de retirer le bouquet de persil.

Paupiettes de Veau ou Oiseaux sans tête

Pour faire les paupiettes, il faut se procurer des escalopes de veau prises dans la noix; elles doivent avoir environ 1 centimètre d'épaisseur et il les faut plus longues que larges, à peu près la largeur de quatre à cinq doigts sur un peu moins du double en longueur.

On commence par les aplatir et les battre afin de rompre les fils de la viande; après les avoir parées, on les couvre d'une farce quelconque, on les roule sur elles-mêmes et on les fait cuire.

La farce que l'on met dans les paupiettes permet l'utilisation d'une desserte de viande quelle qu'elle soit : veau rôti, volaille, gibier, ou même du bœuf bouilli; seul le mouton aurait un goût trop prononcé qui ne serait pas agréable.

Le bœuf du pot-au-feu haché avec du porc fait très bien, de même que les parures du veau mêlé avec de la chair à saucisses. On peut encore faire une farce très bonne en n'employant que du bœuf bouilli, auquel on mêle quelques champignons hachés menu. Toujours la farce doit être relevée par une pointe d'échalote et on y ajoutera du persil haché.

Mieux encore, on fait revenir dans un peu de graisse ou de beurre un oignon coupé en petits carrés; quand il est doré de belle couleur, on y ajoute le persil haché et la viande également hachée, sel, poivre, muscade, on joint l'échalote, les champignons si l'on en veut mettre; et si on jugeait que la farce n'eût pas assez de consistance, on y casserait un œuf et on saupoudrerait d'un peu de farine.

Chaque tranche de veau étant mise à plat sur la table, on étale sur chacune d'elles une couche du hachis pour les rouler sur elles-mêmes en forme de baril. On les attache avec un gros fil blanc ou écru, pour les ranger l'une à côté de l'autre dans le fond d'une casserole.

Avant d'y ranger les paupiettes, on a fait fondre du beurre ou de la graisse, on les fait revenir en les retournant, et dès que la coloration est suffisante, on couvre la casserole pour laisser cuire à petit feu.

Quand la cuisson est sèche, on mouille avec un peu de bouillon ou encore avec mi-partie vin blanc et bouillon. Lorsque les paupiettes seront cuites, le jus doit avoir à peu près réduit; il faut environ vingt minutes de cuisson à petit feu. A ce moment, on déficèle les paupiettes pour les ranger sur un plat.

Les paupiettes ainsi faites sont très bonnes chaudes arrosées avec leur jus, et elles sont aussi excellentes froides, coupées en tranches.

On fait exactement de même façon des paupiettes ou *Roulades de bœuf*,

on les prend minces et longues dans le filet de bœuf.

Pour faire les *Oiseaux sans tête*, c'est le même procédé; toutefois, pour mieux simuler un oiseau, on enveloppe la paupiette dans une barde de lard; le petit paquet est ficelé, ce qui donne à l'escalope roulée et bardée l'aspect d'un petit oiseau bardé et bridé, auquel on aurait supprimé la tête. On laisse cuire sur un feu modéré en couvrant la casserole; on peut aussi faire cuire au four à feu doux; le four de campagne avec feu dessus et dessous peut remplacer la cuisinière.

Pour mieux donner l'illusion d'un petit oiseau, on peut servir chacun d'eux sur un croûton de pain frit au beurre. Coupés de grandeur appropriée, ces morceaux de mie de pain rassis sont mis à frire, on y dépose les oiseaux qui seront devenus d'une belle couleur dorée.

Retirer l'excédent de graisse si besoin il y a, pour ensuite ajouter au jus un peu de jus de citron ou, à défaut, un filet de vinaigre.

Si l'on veut, on remplacera le citron par quelques cuillerées de sauce tomate légère, on laissera faire quelques bouillons avant de retirer du feu. Les paupiettes étant déficelées on les dresse en dôme sur un plat pour les arroser avec la sauce.

Du reste, la sauce est une question d'appréciation personnelle : si d'aucuns préfèrent les paupiettes de veau ou de bœuf servies nature avec le seul jus de cuisson réduit, d'autres au contraire veulent y voir une sauce faite à part. Néanmoins, disons que lorsqu'on a l'intention de conserver pour les manger froids des oiseaux sans tête, il n'y faut pas mettre de sauce du tout.

Coquilles Saint-Jacques au gratin

Les coquilles Saint-Jacques, appelées aussi des ricardes ou des pèlerines, se trouvent en abondance à certains moments ; quand elles sont à bon marché, il est à conseiller d'en acheter, ces coquilles renferment un bon poisson qui, bien préparé, forme une excellente entrée maigre.

Les coquilles elles-mêmes sont fort jolies, il faut les conserver, car elles servent à contenir du poisson, de la volaille, des pâtes qui se présentent sous les noms de coquilles, dénommées selon ce qu'elles renferment ; et elles sont tout aussi bien que les coquilles en argent ou en métal reproduisant la véritable coquille Saint-Jacques.

Le Saint-Jacques est, on le sait, un mollusque aux larges valves, dont l'une, profonde et creuse, peut servir de réceptacle ; c'est cette partie que l'on utilise en cuisine pour y présenter la chair elle-même ou tout autre chose, tandis que l'autre partie est plate et en forme de couvercle.

Disons en passant qu'on utilise en jardinage le côté plat des coquilles Saint-Jacques pour en faire des bordures aussi solides qu'originales. Le côté carré s'enfonce dans la terre, celui qui est rond dessine des sortes d'arceaux.

Pour la consommation, les coquilles Saint-Jacques doivent être d'une rigoureuse fraîcheur, c'est essentiel.

On commence par laver et brosser les coquilles avec soin, puis on les ouvre en passant une lame de couteau entre les deux valves.

On peut également les laisser s'ouvrir en les posant sur des charbons ardents ou tout simplement sur le fourneau : quand elles sont entrebâillées,

on glisse sous le couvercle la lame du couteau. De quelque façon qu'on les ait fait ouvrir, il faut détacher les chairs complètement de la coquille en se servant d'un petit couteau, puis vider tout le contenu des coquilles dans une grande terrine d'eau froide pour les laver abondamment, car il arrive souvent qu'elles renferment du sable.

Il faut enlever la poche des matières qui se trouve sur le côté, elle est de couleur verdâtre ou noirâtre et nettement visible ; on aura exprimé tout le liquide jaunâtre et visqueux dont les coquilles sont pénétrées, on a retiré la barbe qui est dure, la partie noire est amère. En résumé, il ne faudrait conserver que la partie charnue qui adhère à la coquille ainsi que le foie. Le corail est soigneusement réservé, car il est très délicat.

Bien lavées, bien nettoyées, les chairs sont mises dans une casserole de petite dimension avec un verre de vin blanc. On peut simplement les faire cuire à l'eau bouillante salée, ou pour mieux dire, on les fait pocher sur un feu très doux, sans qu'il y ait d'ébullition, durant quinze à vingt minutes.

Pendant la cuisson, on nettoiera minutieusement la partie concave des coquilles, le mieux, pour y bien réussir, consiste à les laver à l'intérieur et à l'extérieur puis à les faire bouillir, après quoi on les met à sécher au four. Avant de les garnir, on peut les beurrer au pinceau avec un peu de beurre fondu.

D'un autre côté, on met du beurre dans une casserole pour y faire revenir à feu assez vif un hachis de persil et d'échalote ; quelques personnes aimant beaucoup les assaisonnements font dorer en premier lieu un oignon émincé en petits dés, elles joignent en outre une gousse d'ail râpée.

On peut encore, et c'est couramment fait, y ajouter des champignons coupés en morceaux qu'on cuit à l'eau avec sel, poivre, jus de citron et une noix de beurre. L'eau de cuisson des chairs de coquilles remplace avantageusement l'eau pure si on a le temps de faire des cuissons successives.

En outre, il faut préparer une sauce béchamel : faire fondre une cuillerée de bon beurre dans lequel on incorpore même quantité de farine, après avoir laissé cuire doucement de cinq à dix minutes, en remuant de temps en temps et en prenant garde que le roux reste blanc; on mouille avec l'eau de cuisson des coquilles et égale valeur de lait, on sale et on poivre; on met un soupçon de muscade râpée.

Parfois on hache grossièrement la chair des coquilles Saint-Jacques et on la mêle dans une terrine avec la sauce béchamel, le hachis de persil, les champignons. Le tout est alors mis dans les coquilles, et il suffit de lisser le dessus avec une cuillère ou un couteau, puis de semer dessus un peu de chapelure blanche ou de mie de pain émiettée; on arrose de beurre fondu avant de mettre au four pour faire gratiner et servir bien chaud.

Si on préfère trouver dans son entier la chair de la coquille Saint-Jacques, on réserve cette chair, tandis que tous les autres éléments sont mêlés ensemble. Dans chaque coquille vide on met une cuillerée à bouche de sauce, on y pose la noix du Saint-Jacques, le corail, puis à nouveau une cuillerée de la composition; on en ajouterait une dernière fois s'il y en avait de reste, en ayant soin de partager également, afin que toutes les coquilles soient remplies de même. Saupoudrer de mie de pain ou chapelure blanche et mettre un petit morceau de beurre sur chaque coquille. Il faut de dix à douze minutes à four un peu chaud pour que le dessus soit doré à point.

Il est essentiel de servir bien chaud au sortir du four et aussitôt gratinées; si les coquilles attendaient, la chair durcirait et deviendrait moins savoureuse.

On compte ordinairement une belle coquille Saint-Jacques par convive; toutefois, pour six personnes, il n'est pas exagéré d'en préparer huit; il n'est jamais bon de faire tout à fait juste, on doit pouvoir repasser le plat.

Aux coquilles on joint encore volontiers des moules qui doivent être convenablement nettoyées et lavées, on les fait cuire sans eau ni sel; étant cuites, on enlève le filet chancreux et la poche noire ainsi que la collerette qui borde la moule; elles sont ainsi aussi fines que des huîtres.

Pour rendre le plat tout à fait recherché, il y a encore l'adjonction de queues de crevettes décoquillées.

Quelques cuisiniers conseillent de parsemer le dessus d'un peu de gruyère et de parmesan râpés, mais ceci n'est pas sans altérer le goût des coquilles; nous ne le conseillons pas, bien que ce soit une question d'appréciation personnelle.

Croquets

Ces sortes de bâtonnets bien croquants rentrent dans la catégorie des friandises qui plaisent plus volontiers au jeune âge qu'aux grandes personnes, parce que ce sont des friandises qu'on ne croque avec plaisir que lorsqu'on a de bonnes dents.

En voici une bonne recette :

Prenez 250 grammes de bonne farine de gruau, 250 grammes de sucre en poudre ou sucre semoule, 200 grammes d'amandes douces que l'on emploie sans les monder et en les coupant simplement en deux parties. On mélange le tout et on travaille la pâte avec 3 ou 4 blancs d'œufs de façon à obtenir une pâte très dure que l'on étend au rouleau pour lui donner 2 centimètres et demi d'épaisseur; on y détaille des morceaux de 2 centimètres et demi de largeur sur dix centimètres de longueur. On dore la surface *seulement* de chaque tranche avec du blanc d'œuf, et on raye le dessus avec la pointe du couteau de traits quadrillés.

Croquets.

On met sur une plaque en tôle ou sur une tourtière et on fait cuire dans un four un peu chaud, en laissant dessécher les tranches pour qu'on ait un gâteau bien croquant.

Cette manière est très économique; on utilise ainsi à la confection des croquets des blancs d'œufs, et il ne rentre pas de beurre dans la pâte. Ce sont de ces croquets que l'on trouve chez tous les boulangers.

Toutefois, sous le même nom de croquets, ont fait aussi des gâteaux du même genre, mais qui sont plus fins.

Pour ceux-ci, il faut, outre les 250 grammes de farine et 250 grammes de sucre, 125 grammes de beurre frais, puis 125 grammes d'amandes.

On commence par monder les amandes en les passant à l'eau bouillante; puis, en appuyant sur une amande, tout en la pressant entre deux doigts, elle sort de la peau. Ensuite on les égoutte, on les essuie, ou mieux, on les sèche en les mettant à l'entrée du four; puis on les coupe en lanières dans le sens de la longueur en faisant quatre morceaux par amande.

La farine étant disposée en fontaine, au milieu on met le sucre en poudre, une pincée de sel fin, deux beaux œufs entiers, puis le beurre qu'on a mis à fondre mais sans le laisser chauffer; on pétrit le tout ensemble de manière à obtenir une pâte assez molle à laquelle on joint de l'eau de fleurs d'oranger et les amandes préparées comme il est indiqué. Avec le rouleau on étend la pâte, on la divise en croquets de 2 centimètres et demi sur 10 de long. on les range les uns à côté des autres sur une plaque beurrée, on les dore à l'œuf battu et on les fait cuire à four chaud. Au sortir du four, avec un couteau on les détache pour les mettre à refroidir sur une grille ou une volette.

Les croquets se conservent longtemps. On les met en boîte de fer-blanc, naturellement.

Sucre d'orge

Le sucre d'orge que l'on achète le plus souvent n'a d'orge que le nom, il n'est pas aussi rafraîchissant que celui qui en contient véritablement. C'est, en somme, un bonbon comme un autre, nous voulons donner une des diverses manières de le préparer.

Sucre d'orge ne contenant pas d'orge.

Dans une petite casserole bien propre et nette, on met un demi-verre à bordeaux d'eau pure, on y joint 125 grammes de sucre en morceaux et 1 cuillerée à café de vinaigre. On laisse cuire un quart d'heure environ à feu modéré, après avoir ajouté le parfum choisi, vanille, citron, orange, jus de cerise, de groseille, de framboise, essence de menthe, rhum, cognac, etc. On coule alors dans un moule, on verse sur un marbre beurré ou huilé, ou mieux encore on laisse le liquide tomber en boulettes pour former des pastilles.

Véritable sucre d'orge pour les enfants. On fait bouillir de l'orge dans l'eau jusqu'à ce qu'elle soit complètement cuite et que l'eau ait réduit de plus de moitié. On verse dans un linge pour exprimer fortement tout le jus; puis on laisse refroidir quelques heures et reposer ce jus que l'on tire au clair. Faire alors fondre de la cassonade dans un peu d'eau, quand elle est en sirop on y verse le jus d'orge et on fait cuire comme si on voulait faire un caramel blond.

Verser alors sur une plaque de marbre ou de métal huilée, laisser refroidir un peu pour couper avec des ciseaux et rouler avant que le sucre ne soit tout à fait durci.

Au lieu de cassonade, on préfère souvent du sucre blanc; voici les quantités à observer.

Sucre d'orge. Dans un poêlon en cuivre non étamé, on fait fondre 200 grammes de sucre auquel on mélange l'eau où a cuit 60 grammes d'orge mondé.

Pour aromatiser, on mettra fort bien du zeste de citron bouillir avec l'orge, ou un morceau de vanille, ou encore dans le sirop de sucre on ajoutera de l'eau de fleurs d'oranger.

Quant à la cuisson du sucre, il faut que le sirop atteigne le grand cassé : en mettant une boulette sous la dent, elle se casse sans s'y attacher et en produisant un petit bruit; ou encore on constate que le sucre fait un petit bruit lorsqu'on le met dans l'eau. Tout de suite après il se colore pour devenir caramel blond, on doit le retirer bien vivement.

Après avoir versé le sirop sur le marbre beurré, on attend que la pâte soit devenue maniable, on la coupe avec des grands ciseaux en faisant des morceaux longs de huit à dix centimètres environ et gros comme le doigt. On roule ces morceaux avec la paume de la main pour en faire des bâtons, et on attend qu'ils aient entièrement durci pour les ranger en boîtes de fer-blanc.

Tarte au Fromage

Les tartes aux fruits sont certainement fort bonnes, et on en peut faire toute l'année soit avec des fruits frais, soit avec des compotes en bouteilles préparées au naturel ou au sirop.

Mais une tarte (que l'on dénomme souvent flan) qui ne leur cède en rien sous aucun rapport, est incontestablement la tarte au fromage; c'est un excellent entremets sucré qui se sert aussi bien au dessert qu'au goûter.

Tant qu'on a facilement du bon fromage blanc et de la crème, on peut faire de la tarte au fromage; néanmoins

épinards moins verts et de leur donner un goût fort.

Autour des épinards, on met également des croûtons frits dans le beurre, ou encore on sert sur les épinards des œufs durs coupés en quartiers.

Les épinards peuvent se faire quelque peu différemment. Ils sont plus assaisonnés, ont plus de goût, car il y a ici une addition d'ail et d'oignon.

Dans la casserole, on met à fondre une cuillerée de bonne graisse de rôti épurée; dès que cette graisse est fondue, on y coupe en petits carrés un oignon moyen, et à petit feu on fait dorer cet oignon sans qu'il brunisse; on ajoute alors une gousse d'ail coupée en tous petits carrés, ou encore mieux cette gousse d'ail sera écrasée sous un couteau; on tourne un instant sur le feu et on ajoute une cuillerée de farine pour faire un petit roux blanc.

Seulement quand la farine a cuit on joint les épinards, on laisse sur un petit feu pour que le légume se réchauffe bien, pour ensuite mouiller avec du bouillon ou avec de l'eau; si on a du jus de viande, il est fort bien d'en ajouter, ce qui bonifie beaucoup le plat, mais alors, il ne faut saler et poivrer qu'après s'être assuré de ce qui doit être nécessaire, car si le jus est réduit, peu d'assaisonnements suffisent, et parfois même on s'en dispense.

Avec les épinards au jus au gras, on donne volontiers des rondelles de saucisson ou de cervelas, c'est un bon accompagnement; ces tranches se mettent chaudes ou froides peu importe.

Les épinards à la crème se font exactement comme des épinards au jus, sans oignon et sans ail; on met du beurre, on supprime volontiers la farine et on met du lait ou de la crème. On peut joindre

un peu de sucre et, si l'on veut, un soupçon de muscade râpée. Quand on met du sucre, on assaisonne avec moins de sel et on supprime totalement le poivre.

Les épinards doivent être aussi clairs qu'une purée, il ne faut pas qu'ils soient assez épais pour se tenir en masse.

Les épinards sont bons réchauffés, mais on ne doit pas les laisser séjourner dans du fer, ni même les remuer avec une cuillère de ce métal.

Mou de Veau en civet

Prendre la moitié d'un mou de veau pour le faire dégorger à l'avance à l'eau froide.

Toute la viande doit toujours être très fraîche, mais plus encore les abats ne souffrent pas un état tant soit peu avancé. Si on conserve le cornet, il est bon de le fendre dans toute sa longueur afin qu'il puisse être entièrement nettoyé.

Pour bien dégorger le mou, il est nécessaire de changer l'eau plusieurs fois en l'espace d'une heure ou deux.

Bien lavé, le mou est essuyé puis coupé en morceaux réguliers. Dans une casserole en cuivre étamé ou dans une cocotte on fait chauffer une cuillerée de bonne graisse; dès qu'elle fume, on y fait revenir les morceaux de mou; quand ils sont bien dorés, on les retire en les égouttant avec une écumoire pour les mettre sur un plat; dans la même casserole, on fait prendre couleur à une quinzaine de petits oignons; lorsqu'ils ont jauni, on saupoudre avec une cuillerée de farine. Si on préfère, on peut retirer également les oignons, en sorte qu'on ne risque pas de les effeuiller et que le roux se fait plus aisément.

En tous cas, sur un petit feu, on tourne un instant la farine pour qu'elle perde son goût, on laisse ensuite colorer pour obtenir un roux de belle couleur, on mouille avec un peu de bouillon ou à défaut avec de l'eau chaude, on ajoute du vin rouge en quantité suffisante pour baigner la viande. Remettre les morceaux de mou et les petits oignons, saler, poivrer et aromatiser avec un bouquet garni, soit : persil, thym et laurier; le bouquet qu'on a attaché, est enlevé au moment de servir.

Il est bon d'ajouter une gousse d'ail, un peu d'échalote, tous assaisonnements qui relèvent le goût du civet, et c'est nécessaire, car le mou en lui-même est plutôt fade.

Comme temps de cuisson, il faut compter de une heure à une heure et demie, mais toujours il faut que le civet cuise doucement et régulièrement.

Un quart d'heure avant de servir, on peut joindre quelques petits champignons entiers ou des moyens coupés en deux ou en quatre. Quand on préfère trouver les oignons entiers, il ne faut les mettre qu'une demi-heure avant la fin de la cuisson, car autrement ils fondent dans la sauce, à laquelle ils donnent du reste très bon goût, mais on ne les retrouve pas.

En dressant le mou de veau en civet, on peut encore orner le tour du plat de petits croûtons frits et bien dorés.

Disons en passant que le bon vin ordinaire donne aux sauces un goût plus relevé que le vin vieux qui perd tout son arome par une cuisson prolongée, la sauce n'est alors que fade. Toutefois, un quart d'heure environ avant de servir, on peut mettre un verre de bon vin fin ou mieux encore un demi-verre à liqueur de cognac, de fine champagne ou de madère.

Il faut servir bouillant avec des assiettes chauffées. On aura dégraissé la sauce et rectifié l'assaisonnement si besoin en est.

Mou de Veau au blanc

Le mou de veau ayant été dégorgé au moins une heure à l'eau froide, on le met à blanchir. Pour le blanchir, il faut une marmite de grandeur appropriée où il puisse baigner entièrement dans l'eau.

Le mou est mis à l'eau bouillante avec sel, poivre, oignon, ail, échalote, bouquet garni, carottes si l'on veut; on écume si on le juge nécessaire et on laisse cuire pendant une bonne heure. Ensuite on retire le mou pour le faire égoutter et le couper en morceaux.

D'autre part, on prépare la sauce :

Dans une casserole, on fait fondre de la graisse ou du beurre; y couper très menu un gros oignon que l'on fait cuire à feu très doux afin qu'il ne jaunisse pas; saupoudrer avec une cuillerée de farine, cuire quelques minutes pour qu'elle n'ait pas le goût de cru, mais ne pas laisser colorer; mouiller avec de l'eau de cuisson du mou; on ajoute des petits oignons et un peu après, si l'on veut, on joint des champignons.

Au moment de servir, on lie la sauce avec des jaunes d'œufs délayés avec un filet de vinaigre ou un jus de citron. Quand le bouillon de cuisson n'est pas suffisamment assaisonné, on rectifie l'assaisonnement de la sauce : une pointe de muscade y fait très bon effet.

On ajoute aussi volontiers du persil haché, mais alors, ce n'est plus une sauce au blanc.

En joignant des petites pommes de terre de Hollande dans la sauce, on obtient un bon ragoût qui convient très bien pour plat de déjeuner. Il faut que les pommes de terre cuisent à feu doux pendant au moins trente minutes, mais on ne doit point les remuer, ce qui les ferait durcir.

Si la sauce est trop épaisse, on la doit allonger; dans le cas contraire, on la fait réduire.

Potage
à l'Oseille

On commence par éplucher bien soigneusement deux ou trois grosses poignées d'oseille. Outre que l'oseille doit être visitée minutieusement, il faut ôter les queues, et lorsque les feuilles sont grosses, il est nécessaire de retirer les côtes dans toute leur longueur, car elles laisseraient après cuisson de longs fils qu'il serait désagréable de trouver.

On lave ensuite l'oseille à plusieurs eaux et on la met à égoutter.

Dans une casserole ou mieux dans une cocotte en fonte, on met à fondre un gros morceau de beurre, on y fait dorer un oignon de bonne taille ou plusieurs petits coupés en carrés. Les oignons doivent prendre couleur, mais non brunir, il faut pour cela qu'ils cuisent sur un petit feu et qu'ils soient remués de temps en temps avec une cuillère de bois.

Ensuite on ajoute l'oseille qui a été égouttée; il est inutile de la hacher, si l'on veut on la coupe grossièrement, mais c'est tout.

L'oseille ajoutée dans la casserole est mise à fondre lentement, on surveille en remuant à l'aide de la cuillère de bois.

Quand l'oseille est complètement fondue, qu'elle est devenue comme une marmelade, on ajoute une cuillerée à bouche de farine, on fait cuire un peu mais sans laisser brunir, on mêle bien et on délaie avec de l'eau chaude en faisant attention à ce qu'il n'y ait point de grumeaux. On sale, on poivre et on couvre pour laisser cuire. Cinq à dix minutes de cuisson suffisent.

On aura taillé du pain en très fines tranches; on les met au fond de la soupière pour verser le potage dessus.

Au moment de servir, on peut faire une liaison avec deux jaunes d'œufs, le potage est ainsi bien meilleur. De plus, un morceau de beurre frais ajouté dans la soupière bonifie sensiblement la soupe. Quelques personnes ne se contentent pas de délayer les jaunes d'œufs avec un peu de liquide pour former la liaison, elles jettent en outre les blancs

Oseille.

dans la soupière après les avoir légèrement battus. Le blanc d'œuf est ainsi poché et rien n'est perdu. On ajoute encore volontiers du lait ou de la crème douce.

Au lieu de mettre de la farine, on peut tout simplement faire cuire dans la soupe quelques morceaux de pain rassis, — la valeur d'un gros œuf —; étant bien cuits et mitonnés, ces morceaux *s'écrasent d'eux-mêmes*, ils épaississent le potage; en ce cas, on ne met point de tranches de pain en servant.

Potage à l'Oseille et aux Pommes de terre

Se fait exactement de la même façon, mais quand l'oseille est fondue, on met des pommes de terre coupées par morceaux qu'on laisse quelque peu étuver sur un feu doux en les remuant de temps en temps. Ici la farine est supprimée, car les pommes de terre lient suffisamment la soupe, à moins que ce ne soit tout à fait au début de la saison, lorsque les pommes de terre nouvelles ne sont pas mûres, en ce cas on mettra une pincée de farine, c'est suffisant.

Mouiller avec de l'eau chaude, saler et laisser cuire à ébullition vive pendant vingt minutes.

Ensuite on soulève les pommes de terre sur une écumoire pour les écraser avec une fourchette.

On peut aussi passer la soupe à la passoire avec le pilon de bois, elle est alors plus fine, mais il faut la faire réchauffer pour la servir bouillante.

Une des qualités essentielles de tout potage, c'est d'être apporté brûlant sur la table.

Avec les pommes de terre, il est inutile de mettre du pain; on ajoute du lait chaud si tel est le goût des convives.

Escargots Bourguignonne

Laisser jeûner les escargots huit jours les mettre à dégorger en les saupoudrant d'une poignée de sel, les laver et les mettre dans une casserole d'eau froide, les laisser bouillir 5 minutes, les égoutter, les rafraîchir, les sortir de leurs coquilles, laver celles-ci. Enlever le boyau intestinal, les laver à nouveau.

Les mettre dans une casserole avec deux fois leur volume d'eau, ajouter un bouquet garni, une carotte, un oignon et une branche de céleri, saler et poivrer, ajouter ail et échalote.

Laisser cuire deux heures, les égoutter, les mettre en coquilles.

Mélanger ensemble :

250 gr. de beurre.
5 gr. de sel.
25 gr. de persil.
25 gr. d'échalottes hachées.
15 gr. ail râpé.
2 gr. poivre. blanc.
1 pointe de muscade.

Recouvrir les escargots avec ce beurre et faire chauffer au four avant de servir.

Petites Galettes à l'Orange

Très faciles à faire, ces petites galettes se donnent de préférence avec le thé ou le chocolat, c'est-à-dire qu'on les sert au five o'clock. Elles feront bel effet aussi comme assiettée de dessert.

Pour 250 grammes de bonne farine de gruau, on prend 125 grammes de beurre fin bien frais; 30 grammes, soit environ 2 cuillerées à bouche de sucre en poudre ou sucre semoule; on ajoute une pincée de sel blanc fin, soit 5 grammes. Il faut en outre 1 gros œuf bien frais et une verre à liqueur de kirsch.

Sur une orange on râpe environ la moitié du zeste, en ne prenant naturellement que le jaune, le blanc est amer, il n'en faut jamais mettre. Si on préfère le parfum de la mandarine qui change un peu, il en faut prendre le zeste d'une mandarine entière.

Dans une terrine ou un saladier, ou sur la table à pâtisserie, on dispose la farine en fontaine et au milieu on met : le beurre divisé en morceaux s'il est ferme, ainsi que le sucre, le sel, l'œuf, le kirsch, le zeste râpé. On commence à lier le tout avec une seule main ou plutôt même avec trois doigts de la main droite; quand le mélange commence à se faire on ajoute la valeur d'un verre à liqueur de lait froid, ou autant d'eau fraîche. On continue à travailler la pâte pour l'obtenir sans grumeaux, et bien lisse.

La pâte est alors réunie en une boule qu'on doit laisser reposer au frais pendant une heure environ. Durant ce repos, elle se raffermit; mais il ne faut pas qu'elle sèche, c'est pourquoi il est utile de ne pas la laisser dans un endroit chaud, et aussi qu'il est bon de la couvrir.

Ensuite sur la planche, le marbre ou simplement sur une nappe à pâtisserie saupoudrée de farine, on étend la pâte au rouleau. Il faut obtenir une épaisseur d'une demi-centimètre à peu près.

Pour plus de facilité, on partage la boule de pâte en deux morceaux.

Quand la feuille de pâte a l'épaisseur voulue on y découpe, à l'aide d'un emporte-pièce rond, uni ou cannelé, des rondelles ou galettes de 3 centimètres de diamètre. A défaut d'emporte-pièce ou coupe-pâte, on se sert très bien d'une petite timbale, d'un verre à liqueur de diamètre analogue.

Les petites galettes sont posées sur une plaque épaisse ou sur une tourtière, on les dore à l'œuf battu et on fait cuire de suite dans un four un peu chaud. Il faut de 12 à 15 minutes de cuisson.

Galettes aux raisins. — A la pâte faite de même façon, on peut ajouter des raisins de Corinthe soigneusement triés et lavés.

La quantité est facultative selon qu'on aime à en trouver plus ou moins dans les galettes. Le maximum est de 100 grammes de raisins pour les proportions indiquées.

Pommes de terre sautées

Une économie bien entendue veut que dans un ménage savamment conduit rien ne soit perdu. Toute perte, de quelque nature qu'elle soit, est supprimée, car autant que possible on utilise les restes.

Pour les mets qui ne peuvent être réchauffés ni employés à une autre préparation, il importe de ne cuire que juste la quantité voulue. Dans la catégorie des mets qui ne se réchauffent pas, car ils ne seraient pas bons, il faut placer en premier lieu les pommes de terre. Nul n'ignore que les pommes de terre cuites et refroidies, puis réchauffées, prennent un goût fort désagréable; certaines personnes le comparent à un goût de savon; en tous cas, ce n'est bon.

Néanmoins, certains apprêts permettent de manger des pommes de terre froides ou recuites. La purée au lait ne doit pas être perdue, on en fait très bien un gâteau, un soufflé ou des beignets.

Des pommes de terre cuites à l'eau à la robe de chambre, feront des pommes sautées ou de la salade.

Pour faire les pommes de terre sautées avec des pommes de terre cuites à l'eau à l'avance, on commence par les éplucher; on retire soigneusement les parties abîmées ou vertes s'il en existe, puis on les coupe en rondelles : l'épaisseur en peut varier de celle d'un gros sou, soit deux millimètres, à celle d'un demi-centimètre, mais en tous cas il les faut couper ou escaloper régulièrement pour que la cuisson soit uniforme.

Dans la poêle on met du beurre ou de la bonne graisse; lorsque la graisse est bien chaude, on y place les pommes de terre et on fait cuire à bon feu sans être trop ardent, car les tranches de pommes pourraient brûler. Toutes les trois ou quatre minutes on fait sauter les pommes de terre en ne secouant la poêle que d'un ou deux coups, afin que celles qui étaient dessus passent dessous; pour que toutes se dorent également, il faut les sauter au moins quatre ou cinq fois, mais guère plus, car en sautant trop souvent, on les briserait, ce qu'il faut éviter. On doit obtenir des pommes de terre parfaitement dorées. On sale et on saupoudre de persil haché avant de servir.

Si, au cours de la cuisson, on s'aper-cevait qu'il y eut insuffisamment de graisse au fond de la poêle, on en ajouterait un peu. Les pommes de terre sautées doivent être croustillantes et un peu grasses; elles ne sont bonnes que mangées très chaudes. Lorsque à la fin de la cuisson on se rend compte qu'il y a un trop de corps gras, graisse ou beurre, ce qui, du reste, ne rend pas les pommes sautées plus mauvaises, au contraire, on les retire avec une écumoire pour les mettre dans un plat ou un légumier chauffé, la graisse reste au fond de la poêle.

Les pommes sautées sont bien meilleures à notre avis, elles ont plus de goût si, quand elles sont aux trois quarts dorées, on leur ajoute un petit oignon émincé en tous petits dés; les carrés d'oignons cuisent et se colorent avec les pommes et on n'y retrouve point le goût particulier de l'oignon.

On peut se servir de ces pommes de terre sautées comme garniture de beefsteak, côtelettes, etc. On les donne aussi seules comme légumes; nous les trouvons parfaites pour accompagner des légumes verts : épinards, purée d'oseille ou autres analogues.

Les pommes de terre sautées se font non seulement avec des pommes cuites à l'avance, mais aussi on fait cuire exprès des pommes de terre à l'eau en ayant soin qu'elles restent entières à la cuisson. On les épluche de suite, on les coupe en rond et on les met vivement dans la poêle pour les faire sauter : elles ne doivent pas avoir eu le temps de refroidir.

Les pommes de terre de Hollande conviennent mieux que les rouges qui se défont trop souvent, non seulement lors de la cuisson à l'eau, mais encore quand on les fait sauter.

Toujours, même dans la cuisine la plus simple, il faut surveiller la présentation, c'est beaucoup pour contribuer à la bonne réussite.

Charlotte aux Pommes

Pendant la plus grande partie de l'année on peut se procurer des pommes dont la recette de cette charlotte, d'une préparation très facile, sera certainement bien accueillie par toutes celles qui aiment à faire des petits entremets sucrés simples et bons.

On prend 1 kilog. de bonnes pommes. En disant bonnes pommes, nous ne voulons pas spécifier des pommes de reinettes ou autres sortes qui coûtent toujours assez cher. Ce qu'il faut tout simplement, ce sont de bonnes pommes douces, qui se cuisent facilement.

On épluche les pommes, en les coupant en quartiers on en retire le cœur et les pépins, puis on les coupe en tranches fines.

Dans la terrine à pâtisserie ou dans un saladier on a mis les pommes coupées en tranches, on y joint 4 cuillerées à soupe de sucre en poudre semoule, une cuillerée rase de farine, 1 cuillerée à café de canelle en poudre, puis 1 cuillerée à soupe également de bon beurre fin, ce qui équivaut à peu près à la valeur d'une grosse noix.

On aura préparé des raisins de Corinthe environ une bonne poignée. Comme à l'ordinaire, ces raisins ont dû être soigneusement visités, nettoyés et lavés. On sait qu'ils renferment trop souvent de petites pierres et qu'ils sont fort sales, aussi est-il de toute utilité qu'ils soient méticuleusement visités et lavés

à plusieurs reprises. Le mieux, lorsqu'on s'est assuré qu'ils sont exempts de pierres, c'est de mettre les raisins dans une passoire que l'on plonge dans un récipient contenant de l'eau tiède, on les frotte à plusieurs reprises avec les mains et on retire la passoire qui contient les raisins pour renouveler l'eau autant de fois qu'on le juge nécessaire.

Les raisins étant ajoutés dans la terrine avec les pommes, on y casse un à un 6 œufs bien frais et on remue pour que le mélange soit bien intime. La composition est prête, il n'y a plus qu'à cuire la charlotte.

On peut tout simplement faire chauffer du beurre dans une cocotte; dès qu'il commence à fumer, on remplit le moule aux trois quarts, on laisse un instant sur le feu jusqu'à ce que la cuisson ait repris, on couvre alors la casserole avec son couvercle et on enfourne à four moyennement chaud.

La charlotte est quelque peu différente lorsqu'on garnit le moule avec un caramel. Le gâteau a un plus joli aspect.

Pour faire le caramel, on met environ 100 grammes de sucre en poudre dans le moule. Mis sur un feu pas trop ardent, *sans eau*, ce sucre fond en prenant couleur; il faut le bien surveiller jusqu'à ce qu'il ait une teinte brune pas trop foncée, sans quoi il deviendrait amer.

Quand le caramel a acquis la couleur voulue, on tourne le moule en tous sens pour qu'il soit enduit partout. Si ce caramel semblait trop épais ou de crainte qu'il ne continue à cuire, on pourrait y ajouter quelques gouttes d'eau.

On verse la préparation et on enfourne.

Côtelettes de Veau aux fines herbes

Quand on sert des côtelottes de veau, on a souvent de petites côtes à raison d'une par convive ou d'une pour deux convives.

Nous trouvons qu'il est préférable de prendre chez le boucher une belle grosse côte qui assure le service de toute la table, soit 800 gr. environ pour six personnes.

Le veau, on le sait, ne doit pas être servi saignant, bien des personnes ne peuvent souffrir qu'il soit seulement rosé à l'intérieur, pour obtenir ce degré de cuisson on aurait donc des petites côtelettes trop grillées ou même desséchées.

Le veau de bonne qualité, il ne faut pas l'ignorer, est blanc ou plutôt rosé, il a le grain de la chair très fin, la peau est transparente et la graisse est aussi fine que du beurre.

Si on a des convives, il est préférable et surtout plus présentable d'avoir une jolie côte de veau avec son manche; autrement, lorsqu'on la doit servir sur la table familiale, l'os n'est pas nécessaire.

La côtelette première, qui est la plus chère est aussi la meilleure, tandis que la côte seconde, bonne aussi, est sans doute plus profitante. Ne pas prendre la côtelette découverte, il y a trop de nerveux.

Dans une casserole plate ou sautoir,

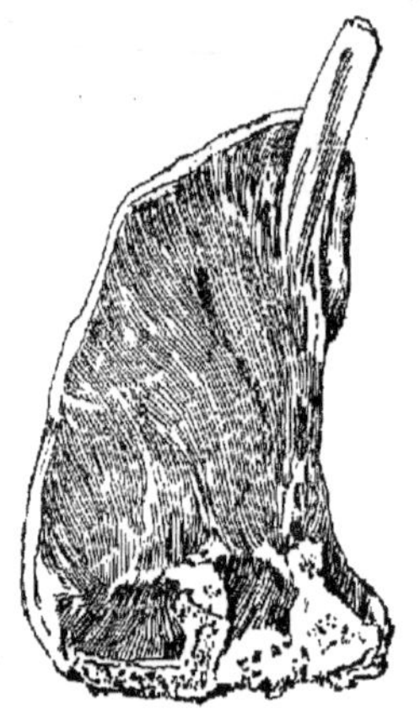

Côtelette de veau.

à défaut dans une poêle, on met une cuillerée de bonne graisse ou du beurre. Dès que la graisse fume légèrement, on met la viande bien à plat; lorsque la chaleur pénètre la chair et qu'on sent qu'elle commence à dorer, on ralentit le feu et on laisse la côtelette se colorer bien doucement; quand le premier côté est doré, on retourne en ayant soin de ne pas piquer la viande, ce qui en ferait sortir le jus.

Faire dorer une viande semble une chose fort élémentaire; effectivement, pour qui sait mener à bien cette opération, c'est moins que rien, mais néanmoins il importe que les cuisinières novices sachent qu'en faisant rissoler trop vite un morceau de viande on la rend sèche et filandreuse, sans goût. Si, au contraire, la viande, au lieu de dorer, traîne sur un feu pas assez ardent, elle tire du jus, se ramollit, reste molle et ne peut plus prendre couleur. C'est le juste milieu qu'il faut : un bon feu soutenu sur lequel la viande prendra couleur et bonne odeur; l'osmazone se détache, vient se glacer au fond de la casserole, ce qui donne une jolie couleur brun doré au jus qui se trouve à la fin de la cuisson et doit accompagner la viande dorée elle aussi, cuite à point et bien soignée.

C'est ce qui se forme au fond des casseroles qui glace les sauces. C'est pourquoi, avant de servir, on recommande de déglacer le fond de la casserole, c'est-à-dire qu'avec une cuillère de bois ou une spatule on appuie sur le fond de la casserole en promenant la cuillère dans tous les sens et surtout au milieu et sur les côtés pour bien détacher la glace qui a pu s'y attacher. Souvent, quand il y a une trop courte sauce, on ajoute une très petite quantité d'eau ; en ce cas, pour avoir un bon jus, il est nécessaire que l'on fasse reprendre l'ébullition, autrement on n'obtiendrait qu'un jus lavé.

Quand la sauce est trop longue, on fait réduire avant de servir, mais on déglace néanmoins le fond de la casserole.

Cette longue digression, nécessaire ce me semble à l'instruction des jeunes cuisinières, nous a entraîné en dehors de notre sujet. Revenons à nos moutons, ou plutôt à notre côtelette.

La côtelette étant dorée de belle couleur de tous côtés on sale, on poivre et on joint si l'on veut, une pointe de muscade râpée. Ensuite on ajoute un peu d'eau ou de bouillon et un demi-verre de vin blanc ; on couvre pour laisser cuire à petit feu.

Environ dix minutes avant de servir, on saupoudre la côtelette des deux côtés avec persil et échalotes hachés bien finement. On couvre et on fait cuire à nouveau. En servant, on arrose d'un jus de citron et on verse dans un plat de service chauffé.

Champignons en fricassée ou sauce poulette

Il faut toujours choisir des champignons bien frais. Ceci est de la plus haute importance. Même avec les champignons de couche, et à plus forte raison avec ceux qui peuvent être récoltés dans les bois, il est nécessaire de faire grande attention, car nul n'ignore que trop souvent les champignons peuvent provoquer des empoisonnements.

Répétons qu'il y a des précautions à prendre pour leur emploi : on ne se servira jamais des champignons dont les feuillets sont noircis, le chapeau étalé. Si les lames sont devenues ainsi noirâtres, c'est qu'ils ont été récoltés trop vieux, la pousse en étant trop avancée, ou encore qu'ils étaient cueillis depuis assez longtemps avant qu'on ne veuille les employer ; en tous les cas, ils ne sauraient être bons.

Ajoutons que lorsqu'on récolte soi-même les champignons, il est bon de mettre quelques heures entre le moment de leur arrachage et celui où on les emploie.

Maintenant, les champignons que l'on achète dans les grandes villes ont été soumis à un examen. Aux Halles de Paris, par exemple, tout est strictement examiné, on n'a donc point à craindre d'accidents lorsqu'on les achète aux revendeurs qui, eux, les ont achetés aux Halles, ou en venant par intermédiaire.

A ce sujet, disons que Néron appelait les champignons un mets des dieux, parce qu'ils avaient empoisonné les empereurs Tibère et Claude. Depuis, ils ont causé la mort du pape Clément VII, du roi Charles VI, de la veuve du tsar Alexis et de combien d'autres !

Ceci, que nous citons à titre de curiosité, n'a point pour but de vouloir réduire la consommation des champignons. Certes, les champignons sont sans doute un aliment lourd et quelque peu indigeste, mais c'est un bon assaisonnement et on les rend beaucoup plus digestifs si on les met dans de l'eau acidulée avec du vinaigre ou du jus de citron.

En prenant des précautions quant à la fraîcheur, en n'achetant que des champignons de couche, il n'y a rien à craindre.

Choisissons donc des champignons très frais, blancs, bien fermes et n'ayant aucun vide entre la tête et la queue.

Pour préparer de la manière ici indiquée en fricassée avec une sauce, il ne faut point de gros champignons; étant obligés de les couper, ce ne serait point bien. Au contraire, des champignons moyens que l'on partagera en deux ou en quatre, mieux encore des petits qu'on pourra laisser entiers ou divisés en deux, voilà qui est bien.

On enlève avec un couteau la tête qui adhère aux queues et celle qui pourrait se trouver autour du champignon lui-même, on lave alors les champignons rapidement, et après les avoir mis à égoutter sur un linge, on les essuie proprement.

Nous disons de les laver rapidement, car les champignons en général ne doivent pas séjourner dans l'eau, mais la propreté et l'hygiène rendent néanmoins le passage à l'eau préférable.

L'épluchage du champignon n'est pas indispensable; si dans la grande cuisine on recommande de tourner les champignons, c'est pour les avoir plus blancs, et il est si vrai que la pelure n'est pas mauvaise, qu'on conserve ces épluchures pour donner du goût à des sauces.

Si l'on tient absolument à éplucher les champignons, il y a deux manières : après avoir séparé le pied du pavillon, on épluche finement le champignon en tournant comme on le fait pour une pomme. Le travail est beaucoup mieux fait ainsi. Si le couteau enlève simplement une pellicule aussi mince que possible, on retire des lamelles; de toutes façons la tête du champignon est épluchée, tandis que pour la tige ou queue on se contente de la gratter sur toute sa longueur. Toujours il faut avoir soin de retirer toute la partie terreuse qui fixait le champignon à la couche ou terre.

Quand on épluche les champignons, ils rougiraient si on ne les jetait de suite dans de l'eau vinaigrée.

Ensuite, après les avoir lavés, on les fait blanchir à l'eau bouillante également vinaigrée ou acidulée avec du jus de citron. A partir du moment où l'eau recommence à bouillir, on laisse cuire cinq minutes, puis on retire les champignons pour les mettre à égoutter. Mieux encore, on les essuie dans un linge bien propre.

Ensuite, dans une casserole de grandeur appropriée, on met un bon morceau de beurre, on y fait revenir les champignons en ayant soin de les remuer vivement, car les champignons rendent toujours de l'eau à la cuisson. On ajoute un peu de farine, on laisse dorer, puis on mouille avec de l'eau, du bouillon ou du lait. On sale, on poivre, on joint un bouquet de persil et on fait cuire de quinze à vingt minutes à petit feu.

Les champignons ne doivent pas cuire plus d'une demi-heure, car alors ils durciraient.

Au moment de servir, on fait une liaison de jaunes d'œufs avec une demi-cuillerée de vinaigre, ou le jus d'un citron qu'on jette dans la sauce, on retire du feu, on tourne pour laisser prendre la liaison et servir de suite.

A cette fricassée nous ajoutons des petits oignons blancs qui ont été cuits à part, soit au beurre, soit dans l'eau.

D'autre part on fait dorer dans le beurre des petits croûtons, et en servant les champignons on range des croûtons autour du plat en les alternant avec les petits oignons.

Avec oignons et croûtons, la fricassée de champignons constitue un bon plat de ménage. Au moment où la chasse étant fermée on peut avoir les champignons à bon compte, c'est un entremets peu coûteux.

La croûte aux champignons se fait exactement de la même façon. La différence seule consiste en la manière de la présenter.

On prépare, comme nous l'avons indiqué, des champignons en fricassée.

Pour les croûtons, on coupe six grands croûtons de pain blanc, on les beurre largement et on les fait griller au four. Plus souvent on fait frire ces croûtons dans le beurre, ce qui est meilleur.

La croûte aux champignons se comprend volontiers avec une seule grande tartine de pain grillé que l'on met au fond du plat ou du légumier et sur laquelle on verse champignons et sauce bien chauds.

Et encore quelques personnes prennent un pain rond dont elles enlèvent la mie, elles le beurrent bien intérieurement, le font sécher au four et y versent les champignons avec leur sauce.

La croûte aux champignons est un mets recherché que l'on peut servir en cérémonie.

Croquignoles

Les croquignoles sont ces sortes de petites pâtisseries sèches que les enfants aiment bien et qu'on donne volontiers même aux tout petits, parce que c'est une friandise dure qu'ils ne peuvent avaler rapidement. De plus, ne contenant pas de beurre, ils sont appréciés par les mamans qui n'aiment pas donner aux enfants des gâteaux contenant du beurre.

Les croquignoles bien faites ne sont pas dédaignées par les grandes personnes, mais il faut avoir de bonnes dents pour les croquer.

De plus en faisant des croquignoles, on trouve une bonne utilisation des blancs d'œufs que la cuisinière a mis de côté.

En voici une bonne recette : Pour 250 grammes de bonne farine de gruau, on aura aussi 250 grammes de sucre en poudre ou sucre semoule et 4 blancs d'œufs.

Dans la terrine à pâtisserie on met la farine, on fait un trou au milieu pour y placer le sucre et au centre, on met les blancs d'œufs; on travaille le tout en ajoutant de l'eau de fleurs d'oranger. Il faut détremper la pâte avec de l'eau pour l'obtenir un peu molle, on la travaille jusqu'à ce qu'elle soit bien lisse.

On prépare alors des tourtières ou des plaques beurrées, et en mettant la pâte dans une poche munie à son extrémité d'un petit cornet en fer-blanc de 3 à 4 millimètres de diamètre, on presse sur la poche pour en faire sortir la pâte de la grosseur de la moitié d'une grosse noisette. Il faut que les croquignoles soient espacées les unes des autres de deux centimètres environ.

On doit les cuire à bon four, chaud modérément.

Si on voulait avoir des croquignoles roses, il suffirait d'ajouter une peu de carmin liquide à la pâte; en ce cas, on parfume avec de l'eau ou de l'essence de roses.

En retirant du four, on enlève de suite les croquignoles de dessus la plaque.

Les rubans. — Avec la même pâte on fait des rubans, ces sortes de tire-bouchon dorés qui se rangent dans la catégorie des petits gâteaux secs.

On les fait exactement comme les croquignoles blancs, quant à la pâte. Sur la plaque beurrée on les couche en long et aussi peu épais que possible, il ne faut donc pas que la pâte soit trop ferme. On fait cuire également à four chaud, mais comme la pâte est mince, elle cuit plus rapidement; il ne faut pas un excès de cuisson, car on ne pourrait plus façonner en tire-bouchon une pâte trop grillée.

Dès la sortie du four, sans attendre, on les ôte de sur la plaque ou la tourtière, pour rouler immédiatement chaque bande autour d'un petit bâton en les tournant en biais, en sorte qu'ils prennent la forme d'un tire-bouchon.

Croquignoles, autre recette. — Donnant à peu près le même résultat, cette pâte est plus sucrée que la précédente.

Avec 3 blancs d'œufs on mélangera dans une terrine 125 grammes de farine tamisée, on ajoute 250 grammes de sucre semoule, une pincée de fleur d'oranger pralinée réduite en poudre, un grain de sel et gros comme une grosse noisette de bon beurre frais. On travaille bien le tout et on obtient une pâte assez épaisse que l'on met dans

un entonnoir pour la faire couler sur des plateaux beurrés. Au fur et à mesure que la pâte sort de l'entonnoir, on en coupe des boutons avec un couteau enduit de blanc d'œuf. On peut se contenter de mettre cuire à four doux. Si l'on veut, on glace le dessus avec du jaune d'œuf.

Une petite variante consiste à travailler différemment la pâte.

Dans une terrine, on met d'abord 200 grammes de sucre en poudre avec deux blancs d'œufs; lorsque ceci est travaillé et bien mélangé, on ajoute encore un, puis un autre blanc d'œuf; en tout 4 blancs d'œufs; quand le mélange est bien mousseux, on y verse en pluie 250 grammes de farine en continuant à travailler le tout, et on joint quelques gouttes de jus de citron.

Les croquignoles que les enfants s'amusent à appeler boutons de culottes, ou boutons de guêtres, se conservent bien et longtemps.

On peut, leur donnant toute autre forme qu'il convient, en changer l'aspect. On en fait des I, des S, des O ou toute autre lettre, voire même des dessins variés.

Langue salée

La véritable manière de préparer une langue de bœuf, de façon à en faire un bon plat économique, c'est certainement de la mettre à saler.

Ordinairement on préconise comme apprêts de la langue toutes sortes de sauces : sauce piquante, sauce tomate, sauce ravigote; on donne avec des sauces vinaigrette, mayonnaise, etc. On sert une langue de bœuf cuite comme un morceau quelconque, on la présente braisée, en daube, au gratin. A notre avis, c'est une erreur. La langue de bœuf coûte relativement cher. On peut en faire un meilleur emploi, surtout celui qui consiste à la mettre dans le pot-au-feu à l'égal d'un vulgaire morceau de bœuf; ce qui doit aller dans le pot-au-feu et constitue justement une économie bien entendue, c'est le cornet, il donne du bon bouillon.

Disons en passant que si on fait spécialement le pot-au-feu avec le cornet d'une langue, il est bon de lui adjoindre un petit morceau de bœuf, de préférence du gîte de jambe. Cette viande se mange chaude comme tout bœuf bouilli, nature ou avec une sauce tomate, du raifort, etc. Froide, on la servira à la vinaigrette ou on en fera du hachis accommodé de diverses manières.

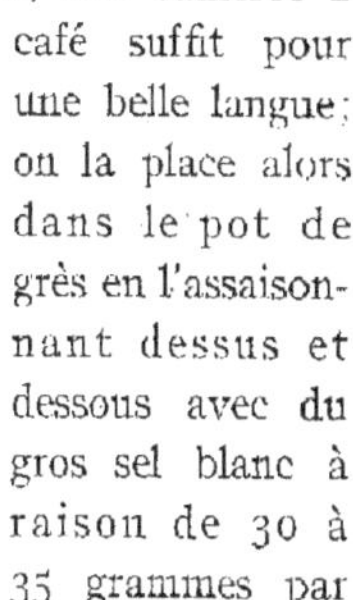
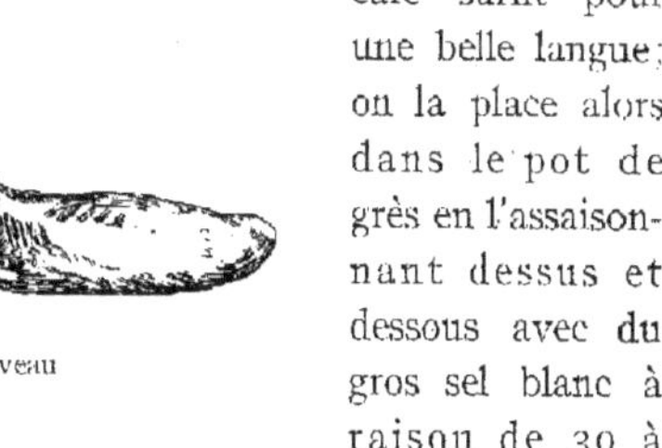

Langue de veau

Pour la langue, il faut commencer par la mettre à dégorger dans une grande terrine d'eau froide; en premier, on la lavera bien, car au cornet adhère une matière gluante qui doit s'en aller; on change l'eau et on laisse la langue dans l'eau fraîche, elle restera à dégorger pendant 5 ou 6 heures en renouvelant l'eau à plusieurs reprises. Ensuite on retire le cornet et les fagoues, en ayant soin de ne pas laisser à l'extrémité le petit os en forme de fourchette qui est au bout de la partie charnue. On aura retiré les parties sanguinolentes, il est superflu de le spécifier.

On se sera procuré du salpêtre, qu'il y a avantage à acheter chez les marchands de couleurs où on l'a à meilleur compte que chez les pharmaciens. Le salpêtre a pour effet de faire rougir la chair, ce qui est de rigueur pour toute viande salée.

Dans un pot en terre ou en grès minutieusement nettoyé, on met la langue; comme on ajoute de l'eau formant saumure, il faut que la grandeur soit proportionnée afin qu'il ne soit pas nécessaire de mettre trop de liquide pour que la viande y baigne.

On commence par frotter la langue avec du salpêtre pilé, une cuillerée à café suffit pour une belle langue; on la place alors dans le pot de grès en l'assaisonnant dessus et dessous avec du gros sel blanc à raison de 30 à 35 grammes par demi-kilog de viande, soit 120 grammes pour une langue pesant tout épluchée de trois livres et demi à quatre livres; on assaisonne avec du poivre en grains, une demi-feuille de laurier, une petite branche de thym; on joint deux gousses d'ail coupées en petits morceaux, et si l'on veut un peu de muscade râpée, et quelques clous de girofle. On verse alors de l'eau froide, cette eau ne couvrira pas entièrement la viande, mais presque, car les poids que l'on pose dessus la font enfoncer ensuite.

Directement sur la langue on pose une planchette ou un rond en bois bien propre, sur ceci prend place une grosse pierre, mieux un grès de bonne forme et bien lourd. A ce moment la saumure doit recouvrir la viande, au cas contraire, on ajoute un peu d'eau. Le pot sera couvert soit avec son couvercle, soit avec une torchon plié en pointe et attaché.

La langue étant dans la saumure y restera de douze à quinze jours, en ayant soin de la retourner tous les deux ou trois jours. Ne jamais y toucher avec les doigts, mais prendre une fourchette.

Quand on veut faire cuire la langue, on la met dans une grande casserole, une daubière de préférence, en sorte que la langue étant allongée ait une bonne forme. On verse la saumure et on ajoute de l'eau froide pour couvrir, on fait partir vivement, puis on règle le feu pour que la cuisson se fasse de façon lente et continue comme un pot-au-feu. Il faut compter environ 3 heures de cuisson. Si le liquide tarissait, il faudrait remettre de l'eau, car autrement la langue pourrait être trop salée.

Dans l'eau de cuisson, on peut, si on aime les mets très assaisonnés, mettre quelques oignons et même quelques tranches de carottes.

Lorsque la langue est cuite à point, on la retire de l'eau, et si on veut l'éplucher facilement, on retire de suite la peau. Si on ne l'épluchait pas, elle sécherait moins.

La langue se mange froide et elle se conserve plusieurs jours. En refroidissant elle se raffermit, il ne faut donc pas la mettre à cuire au dernier moment.

La langue salée constitue une belle pièce froide pour déjeuner ou dîner.

Beignets soufflés ou Pets de nonne

Les beignets soufflés, que tout le monde connaît, s'appelaient autrefois des pets de nonne; le nom ancien n'est pas tout à fait oublié, non plus que les beignets, qui plaisent en général.

Ce qui est moins connu, c'est que cette même pâte qui sert à faire les beignets soufflés est celle que les pâtissiers emploient sous le nom de _pâte à choux_ pour faire quantité d'entremets sucrés en les fourrant avec de la crème pâtissière, des crèmes variées ou des marmelades de diverses sortes, de la frangipane.

Tels, sans être fourrés, c'est-à-dire servis au naturel, à sec, les beignets soufflés sont aussi fort bons.

Leur préparation n'est pas compliquée : il suffira, pour mener à bien leur réussite, de suivre à la lettre les indications que nous nous efforçons de donner aussi claires que possible.

L'écueil semble résider dans la confection même de la pâte : ne point faire de grumeaux en délayant la farine, voilà la seule difficulté, et c'est peu de chose si l'on fait bien attention.

Dans une casserole de cuivre étamé ou d'émail en bon état, on met un quart de litre d'eau avec une petite pincée de sel, on joint quatre morceaux de sucre, du zeste de citron râpé et 100 à 120 grammes de beurre que lon partage en quelques morceaux. Le tout est mis à chauffer sur un feu vif, on remue avec la cuillère de bois de temps en temps, cette eau monte comme du lait; on retire de suite la casserole sur le côté du feu. On aura pris en conséquence une casserole amplement grande.

La farine ayant été tamisée sur un papier fort et l'eau contenue dans la casserole ayant bouilli, on verse la farine dans l'eau tout en tournant vivement avec une cuillère de bois.

La farine est renversée tout à la fois; tandis qu'on tourne rapidement pour éviter qu'il ne se forme des grumeaux on bat vivement la pâte afin qu'elle ne prenne pas au fond de la casserole; on remet sur le feu pour dessécher la pâte pendant quelques minutes. On doit obtenir une pâte bien unie, bien lisse, la préparation doit claquer en la remuant. La pâte est à point quand avec la cuillère ou la spatule de bois on sent au fond de la casserole comme du sable.

La pâte est faite en quelques minutes, elle ne colle pas aux doigts si elle est bien réussie.

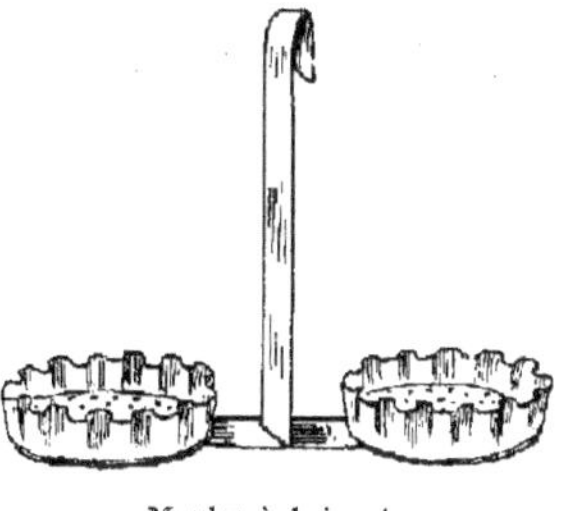

Moules à beignets

Alors on retire la casserole du feu, ou on verse la composition dans une terrine pour la laisser refroidir un peu; il est bon de remuer de temps en temps pour éviter qu'ils ne se forme une peau sur le dessus.

On ajoute les œufs un à un; le premier ayant été cassé dans la pâte, on tourne vivement pour l'y incorporer, et on continue de même en ne mettant à nouveau un œuf que lorsque le précédent est bien mélangé. Il faut que les œufs ajoutés rendent la pâte maniable et qu'elle quitte très lentement la cuillère en élevant celle-ci au-dessus de la terrine. En dernier lieu, on met un blanc battu en neige, soit en tout 4 ou 5 œufs et même 6 œufs y compris le blanc. Il faut que la pâte soit cou-

lante; l'habitude aidant, on jugera ce qu'il faut ajouter d'œufs, car il est difficile de le fixer exactement; la farine, la cuisson, le dessèchement de la pâte, peuvent faire varier la quantité nécessaire.

Si l'on n'est pas pressé, on laisse reposer la pâte pendant une heure ou deux, elle n'en est que meilleure.

En incorporant les œufs à la pâte, on peut y joindre un petit verre à liqueur de rhum, à moins que l'on ait préféré mettre de suite le rhum dans l'eau.

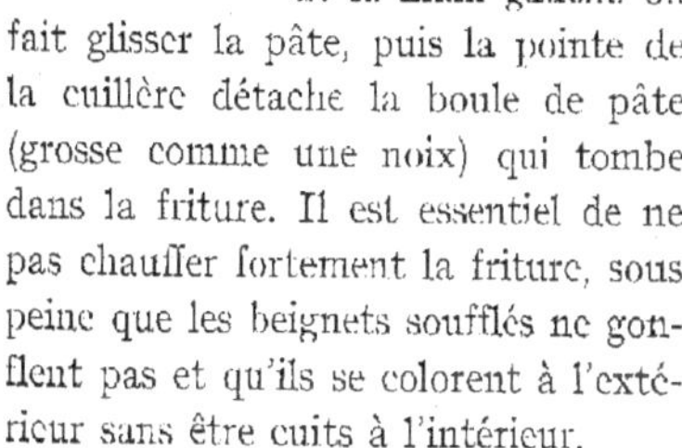

Pour frire les beignets soufflés, il faut une friture abondante, la pâte gonfle beaucoup quand la cuisson est bien conduite.

La friture étant chaude sans fumer, on prend dans la main droite une cuillère que l'on remplit de pâte, tandis qu'avec l'index de la main gauche on fait glisser la pâte, puis la pointe de la cuillère détache la boule de pâte (grosse comme une noix) qui tombe dans la friture. Il est essentiel de ne pas chauffer fortement la friture, sous peine que les beignets soufflés ne gonflent pas et qu'ils se colorent à l'extérieur sans être cuits à l'intérieur.

Les pets de nonne bien cuits doivent se retourner seuls jusqu'à la moitié de la cuisson; on ne doit les retourner que vers la fin, la couleur doit être blond doré.

Bien fait, le beignet soufflé doit être parfaitement sec à l'extérieur et bien gonflé à l'intérieur; cet intérieur doit présenter une cavité où se voit un peu de pâte jaune, molle, adhérente à la croûte extérieure qui est de belle couleur orangée.

Étant frits les beignets sont bien égouttés avec l'écumoire ou dans le panier à friture. On les saupoudre de sucre glace ou de sucre vanillé. On les sert chauds, brûlants, et ils sont encore bons froids le soir ou le lendemain.

Sur le côté des beignets on peut faire une petite ouverture, et c'est par ce chemin qu'on les garnit avec de la crème ou de la confiture.

Une recommandation essentielle : non seulement il importe de mettre la pâte à la friture peu chaude, mais encore il faut qu'à mesure que les beignets grossissent, on augmente la chaleur pour les retirer bien dorés d'une friture presque fumante. Il faut donc mettre la friture à refroidir quelque peu avant d'y recommencer à cuire d'autres beignets.

Afin de bien retirer toute la graisse, on se trouve bien de poser les beignets sur un linge après les avoir fait égoutter.

On dresse les pets de nonne en pyramide sur un plat recouvert d'une serviette.

Bœuf mode à l'étouffée

Le bœuf mode est un des plats courants de la cuisine ménagère, et il y a maintes manières de faire un bœuf mode. Nous voulons en donner une recette extrêmement simple, ce qui ne signifie pas qu'il ne soit fort bon.

On prend comme à l'ordinaire un morceau de viande bien en chair. Au choix, c'est de la tranche grosse, le milieu de la culotte, ou encore du gîte à la noix, ou bien de la macreuse. La macreuse n'est autre que l'épaule; pour avoir un beau et bon morceau, il le faut exiger pris dans la plus belle partie, en sorte qu'il ne soit pas nerveux et qu'on en obtienne de belles tranches régulières.

Dans une casserole en cuivre étamé ou mieux dans une cocotte en fonte, on fera cuire la viande.

Sans graisse ni beurre, on met dans la cocotte trois oignons moyens coupés en grosses rouelles ou tranches sur l'épaisseur, on joint de suite un grand verre d'eau et on place le morceau de viande qui doit reposer sur les tranches d'oignons; autour de la viande, on met une moitié de pied de veau ou des os de jarrets de veau.

Les os de veau sont nécessaires, indispensables même pour la bonne réussite du bœuf mode, ce sont eux qui feront la sauce glacée, et sans eux la sauce ne prendrait pas en gelée en refroidissant.

On exigera donc que le boucher donne, avec la viande, des os de veau, et on n'acceptera pas des os de bœuf qui empêcheraient la bonne cuisson du plat.

Si on a eu la viande à l'avance, on aura pu la mettre un peu au sel et à l'ail, elle a ainsi plus de goût et est attendrie par la courte marinade. C'est dans une terrine ou en pot de terre ou en grès que le morceau de viande est déposé; on saupoudre d'une petite poignée de gros sel et on joint une pincée de poivre moulu. Quant à la quantité d'ail, cela dépend des goûts, deux à trois gousses semblent un maximum pour un morceau de viande de trois livres environ et on peut se contenter de couper l'ail en petits morceaux que l'on disperse sur le bœuf, ou encore on partage les gousses en filaments que l'on introduit dans des entailles, comme lorsqu'on pique du mouton à l'ail. Si le bœuf est salé pendant plus d'un jour, il faut le retourner.

La viande étant dans la cocotte avec les os, les oignons et un verre d'eau, on sale et on poivre si ceci n'a pas été fait à l'avance; en outre, on ajoute un bouquet garni (persil, thym, et laurier) et un clou de girofle. On fait partir vivement, puis on règle le feu pour que la cuisson se fasse lentement et régulièrement pendant trois ou quatre heures.

Après deux heures de cuisson, on ajoute des carottes. En été, les carottes nouvelles de petite taille sont laissées entières, mais si en hiver on a de grosses carottes, il convient de les couper en morceaux; mieux vaut des quartiers réguliers que des tranches : à notre avis, c'est préférable pour la présentation lorsqu'on sert. Comme quantité de carottes, c'est encore une question de goût, les carottes mises en grande abondance rendent le jus et aussi la viande sucrée, puis elles absorbent la sauce.

Pendant la cuisson, il est essentiel de tenir toujours la casserole couverte; le bœuf à la mode n'est bon qu'à cette condition, et il faut que toujours il cuise à petit feu et à l'étouffée.

On surveille la viande pour prendre garde qu'elle n'attache pas; si on s'aperçoit que le jus ait tari, on ajouterait un peu d'eau chaude dont on a toujours une petite casserole ou une bouillotte sur le feu, car on sait que jamais il ne faut ajouter d'eau froide, sous peine de faire durcir le légume ou la viande auquel elle serait jointe.

Mieux vaut allonger la sauce quelque moment avant de servir, car si on attendait les derniers instants, le jus serait comme lavé, et pour être bien il doit être glacé ou plutôt en demi-glace.

Néanmoins, toujours en servant on déglace le fond de la casserole en passant une ou deux cuillerées d'eau que l'on fait bouillir tout en recueillant tout ce qui est resté attaché aux parois de la cocotte. On ajoute ce jus à la sauce qui a été mise dans une saucière après l'avoir passée si telle est l'habitude. mais ce n'est pas indispensable, d'aucuns la trouvent même meilleure.

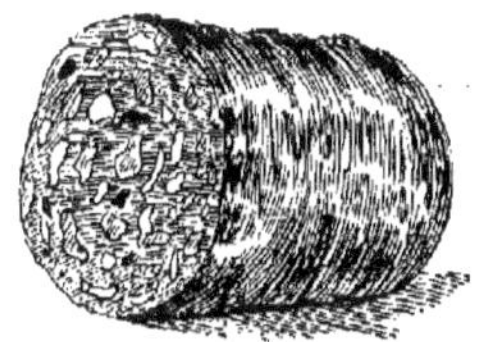

Bœuf mode.

La sauce, pendant cette longue cuisson, a pris une jolie couleur jaune, les oignons ont fondu et la viande cuite ainsi à l'eau, sans qu'on l'ait fait dorer, ne le cède en rien comme qualité aux plats qui ont nécessité des préparations beaucoup plus compliquées.

Si la viande a été achetée à l'avance pour la mettre à saler, il n'est pas superflu de faire blanchir le pied de veau ou les os de jarret, car ceux-ci ne se conservent pas comme le bœuf, surtout pendant les chaleurs de l'été.

Il faut servir les os de veau, qui sont très appréciés des amateurs; on les range, ainsi que les carottes, autour de la viande.

Grondins ou Rougets sur le plat aux fines herbes

De son vrai nom, le _grondin_ est le plus souvent appelé _rouget_ par les marchandes de poisson, sans doute parce que certaines sortes sont d'un rouge plus ou moins pâle, et cependant l'espèce est la même lorsque la peau est grise.

Le véritable rouget de la Méditerranée est un poisson très fin et léger, on le nomme aussi rouget-barbet.

Le rouget-grondin au contraire, bien que fort bon, n'est pas réputé délicat,

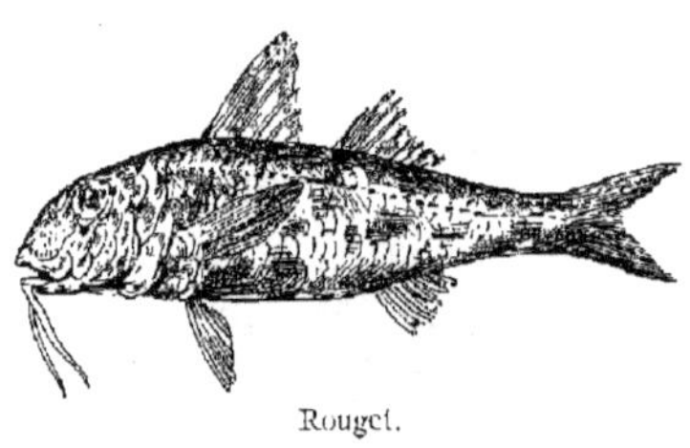

Rouget.

la chair en est assez sèche et ferme. Si on ne le sert pas pour cérémonies, c'est néanmoins un plat à donner en famille et qui est d'autant plus apprécié qu'on y trouve de beaux morceaux de chair bien blanche, de bon goût et presque sans arêtes.

On a des grondins gris et roses de toutes tailles, des gros qui pèsent de deux à trois kilogs. On les fait cuire au court-bouillon pour les accompagner d'une sauce quelconque : sauce blanche aux câpres, sauce vinaigrette, sauce moutarde, sauce mayonnaise, etc.

Les grondins de moyenne grosseur et surtout les petits de 20 à 25 centimètres de longueur sont très bons cuits au plat.

C'est une excellente entrée de déjeu-

ner, et aussi un bon mets à servir au dîner.

On choisira, comme toujours, des poissons d'une parfaite fraîcheur ; il les faut prendre de grosseur égale autant que possible. Après les avoir nettoyés, écaillés et vidés, on coupe les nageoires, la moitié de la queue, sans omettre de retirer les grosses nageoires formant aiguillons après lesquelles on peut se piquer.

On lave les poissons et on les essuie. Puis, dans un plat allant au feu, plat long en terre, en émail, en nickel ou autre pouvant être présenté sur la table, on met de l'eau. Dès que cette eau bout, on y range les grondins en les couchant sur un côté, on ajoute environ un demi-verre de vin blanc et on laisse cuire.

Il est nécessaire de mettre de suite une assez grande quantité d'eau, car ces poissons sont épais, la chair en est ferme, il faut que le liquide les puisse bien pénétrer pour qu'ils cuisent à l'intérieur. On a ajouté un peu de sel, et si l'on veut quelques branches ou queues de persil ; celles-ci sont jointes pour donner plus de goût, et on a soin de les retirer avant de mettre les assaisonnements.

Pendant que le poisson a commencé à cuire, on a préparé persil, ciboule ou échalote hachés finement, on en parsème le dessus des poissons, et à ce moment on ajoute du beurre frais sans oublier du sel et du poivre.

Quand on juge que les poissons sont cuits d'un côté, on les retourne sur l'autre côté en ayant la précaution de ne pas les briser, mais nous le répétons, la chair du grondin est ferme, ils ne se démolissent donc pas comme des merlans, par exemple.

Après avoir retourné les poissons, il n'est pas superflu de remettre du beurre. Les poissons sur le plat ne sont vraiment bons qu'à la condition de ne pas y ménager le beurre.

On arrose de temps en temps avec la sauce afin que les poissons ne dessèchent pas : si celle-ci était trop longue, on la ferait réduire; si, au contraire, elle était trop courte, on ajouterait un peu d'eau et on ferait cuire à nouveau. Toujours, quelques instants avant de servir, on ajoute des petits morceaux de beurre frais, la sauce est ainsi meilleure et mieux liée.

Potage tapioca Crécy

Ce potage est fait avec du bouillon auquel on adjoint du tapioca et des carottes.

On achète dans le commerce, sous le nom de tapioca Crécy, du tapioca auquel se trouve joint des carottes. A notre avis, il est inutile de faire cette dépense que nous considérons comme superflue, car nous trouvons ici une bonne utilisation des carottes du pot-au-feu. Très facile à faire, très simple et rapidement confectionné, ce potage peut être fait à toute époque de l'année, puisque en toutes saisons on fait du pot-au-feu. La seule recommandation qu'il y ait à noter, c'est qu'en hiver il peut être bon de ne prendre que la partie rouge des carottes et de rejeter le jaune ou cœur qui n'a aucune qualité.

Pour avoir un bouillon bien clair et reposé, bien des personnes préfèrent faire le pot-au-feu à l'avance : le matin ou la veille. Toujours on le passe en sortant de la marmite.

Si le bouillon est refroidi on enlève la couche de graisse figée qui le recouvre, pour ne laisser que quelques petits morceaux de graisse.

Le bouillon étant pris tout chaud, il faut le dégraisser, ou pour mieux dire ne pas le prendre où il est gras, et ceci est facile si l'on tient compte que là où l'ébullition se montre nettement, il n'y a pas de graisse.

Dans une casserole de grandeur appropriée, on a mis la quantité de bouillon nécessaire, et lorsqu'il bout, on y verse en pluie le tapioca en comptant une cuillerée à entremets de tapioca par convive. Pour un litre de bouillon, il faut cinq cuillerées environ.

Tout en versant le tapioca d'une main, il faut remuer de l'autre avec une cuillère de bois ou une spatule; c'est faute de ne pas remuer immédiatement que le tapioca se mettrait en boules, ce qu'il faut absolument éviter.

Le tapioca ne doit pas bouillir fortement : au contraire, quand on l'a versé dans le bouillon bouillant, le mieux est de donner un coup de fouet afin de le bien mêler, puis on couvre la casserole que l'on met sur un petit feu, en sorte que la cuisson se continue lentement.

Pendant ce temps, si le pot-au-feu vient d'être fait, on prend les carottes toutes chaudes, on les passe au tamis de crin pour en recueillir la purée.

Quand les carottes sont froides, on peut les passer également ou bien on les râpe avec une râpe fine ; ici il est facile de laisser le cœur, partie jaune souvent dure et filandreuse dans les vieilles carottes.

Quelques personnes mettent les carottes râpées dans une petite casserole en y joignant un grain de sel, une cuillerée de sucre semoule et en mouillant avec une ou deux cuillerées de bouillon, puis laissent cuire en remuant avec la cuillère de bois et au moment de servir lient la purée Crécy avec un ou deux jaunes d'œufs, ce qui forme une crème.

On verse la purée dans la soupière et le tapioca par-dessus ; il est iuntile de mélanger, chacun le fait dans son assiette.

Plus simplement, dans la casserole où cuit le bouillon au tapioca, on met tout bonnement la purée de carottes sans aucun assaisonnement. En faisant cuire le tapioca le bouillon se corse, il n'en est que meilleur, ce devient un consommé.

Sans être recherché, ce potage est excellent, c'est de la bonne et saine cuisine de famille que toutes les ménagères peuvent faire à bon compte. Nous répétons qu'on y trouve de plus l'utilisation des carottes du pot-au-feu.

Fantaisies ou Merveilles

Selon les contrées, ces petites friandises prennent une appellation différente : on en varie la forme et aussi, sans doute, la composition de la pâte, mais en résumé on obtient à peu de chose près le même résultat.

Souvent nous avons fait de ces fantaisies avec de la pâte de tarte, de la simple pâte de ménage, ce qui donne un très bon résultat.

Si donc on avait fait des tartes et qu'il y eut un reste de pâte inutilisé, ce serait un bon emploi d'en faire des fantaisies.

Ce qu'il faut avoir, c'est une pâte un peu ferme que l'on puisse rouler aisément et détailler sans peine.

Voici une bonne recette pour la pâte : Dans la terrine à pâtisserie, ou sur la planche spéciale, on met 400 grammes de farine ; après l'avoir disposée en fontaine, on met au milieu un quart de sucre en poudre ou sucre semoule, soit 120 grammes, deux cuillerées à bouche de bonne huile d'olives, deux cuillerées de cognac, rhum ou eau-de-vie, on ajoute une cuillerée d'eau de fleurs d'oranger et une petite pincée de sel.

On mélange bien le tout et on travaille la pâte pendant assez longtemps pour la rendre bien lisse. On la réunit en une boule pour la laisser reposer pendant au moins une demi-heure ; on couvre la pâte pour qu'elle ne dessèche pas. Si la pâte était laissée un peu plus longtemps à reposer, ce ne pourrait être nuisible.

En faisant la pâte, il pourrait se produire qu'elle soit trop dure ; en ce cas, on ajouterait un peu d'eau.

Certaines farines absorbent plus ou moins de liquide, c'est pourquoi on ne peut indiquer d'une manière fixe la quantité d'eau qui est nécessaire pour diluer la pâte.

Autre recette de pâte. — Pour 250 grammes de farine, on met gros comme un œuf de bon beurre frais, une cuillerée de sucre en poudre, un grain de sel, 1 œuf et du lait en quantité suffisante pour obtenir une belle pâte ferme et lisse.

Si l'on veut supprimer le lait, on ajoute 1 ou 2 œufs, et encore le beurre n'est pas indispensable.

De quelque manière qu'ait été faite la pâte, on l'étend à l'aide du rouleau, de façon à obtenir des feuilles de un demi-centimètre d'épaisseur. Mieux vaut saupoudrer légèrement la nappe

ou la planche avec de la farine pour
que la pâte ne colle pas.

Avec la roulette à pâtisserie, on détaille la pâte en morceaux de la dimension voulue : ce sont des carrés, des
rectangles, des losanges, ce que l'on
veut en un mot.

Mieux et plus décoratifs sont les
petits arrangements que l'on combine.

Voici qui est très bien : la pâte étant
coupée en fines lanières de 2 centimètres de large sur 10 à 15 centimètres
de longueur, on en fait des tresses peu
serrées pour lesquelles on prend trois,
quatre, cinq brins. Ou encore ce sont
des anneaux faits en ressoudant la pâte,
des nœuds enlacés, etc.

Les fantaisies sont mises à cuire dans
la friture bouillante. Le mieux est
d'employer de la bonne huile blanche,
en tous cas, il importe que la friture
soit abondante pour que les petits gâteaux y baignent bien.

Les fantaisies doivent être bien dorées des deux côtés, — elles gonflent
très peu à la cuisson; — quand elles
sont de belle couleur blonde d'un côté,
on les retourne pour achever leur cuisson, puis on les égoutte bien sur un
linge propre ou sur un papier buvard
blanc; ensuite, on les saupoudre de
sucre en poudre et on les dresse en
pyramide.

Les fantaisies ou merveilles sont
excellentes toutes chaudes sortant de
la friture; elles sont encore très bonnes
froides le lendemain. On les sert fort
bien au dessert, avec une compote de
fruits, par exemple, elles remplacent les
biscuits ou fours secs.

Truites Meunière

Les truites meunière constituent un
excellent plat fin d'une préparation
très facile.

Ce sont des truites de rivière qu'il
faut prendre; elles seront de petite
taille, ne dépassant pas trente centimètres, en ce cas elles ne sont pas sau-
monnées, ce qui signifie, on le sait, que
leur chair n'est pas rosée.

On choisira des petites truites de
grosseur uniforme, celles du poids de
150 grammes environ conviennent très
bien. Plus petites, elles ne sont pas en
chair, ont trop d'arêtes; plus grosses,
elles cuiraient difficilement et risque-
raient d'avoir un coup de feu ou d'être
plus que grillées avant d'être bien cuites
à l'intérieur.

Il faut tout d'abord couper avec des
ciseaux les nageoires, une partie de la
queue, puis on les écaille soigneusement,
on retire les ouïes et on les vide par ces
ouvertures, ou bien on retire tout l'intérieur (boyaux, etc.) par une petite
incision pratiquée sous le ventre, on
passe le doigt à l'intérieur pour nettoyer soigneusement. Quelques personnes préfèrent ouvrir entièrement le
ventre sur toute sa longueur, afin de
pouvoir plus facilement enlever les
boyaux et le sang noir qui est figé sur
l'arête interne.

On lave ensuite les poissons et on les
essuie avec un linge bien propre.

Dans une poêle de grandeur suffisante pour que les truites y puissent
tenir largement sans se toucher, on
met sur un feu doux 50 à 60 grammes
de beurre et même quantité de bonne
huile blanche ou d'huile d'olive. L'huile
est nécessaire, car si on voulait faire la
friture au beurre exclusivement, celui-ci

ne pourrait arriver au degré voulu sans devenir noir, et donner un goût désagréable au poisson. Avec le beurre mélangé d'huile, il n'y a aucune crainte à avoir, même si l'on mettait le beurre en plus forte proportion que l'huile; mais ce n'est nullement à recommander, surtout étant donné le prix assez élevé que vaut le beurre.

Pendant que le beurre chauffe, on trempe une à une les truites dans un peu de lait, puis on les roule dans la farine et on les pose toutes dans le

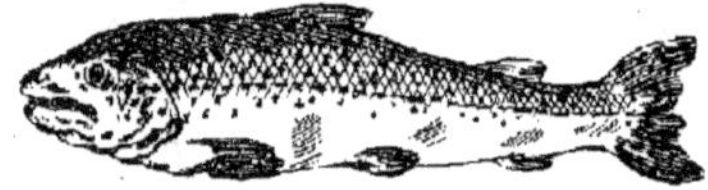

Truite.

même sens dans la poêle contenant le beurre bien chaud. On laisse cuire doucement pendant dix minutes, après quoi, on les retourne avec soin pour les laisser cuire encore dix minutes du second côté.

On les dresse sur un plat ovale, en les disposant de biais, après les avoir salées des deux côtés.

Si on sert les truites telles, simplement garnies de persil frit et le plat décoré de tranches de citron coupées très finement après avoir été cannelées, on a des *truites frites*, mets tout à fait exquis.

Les truites peuvent aussi être mises à frire dans de l'huile pure; en ce cas, la friture pourra être plus abondante, car on la mettra ensuite avec la friture ordinaire des poissons, et il n'y aura rien de perdu.

Pour faire les véritables *truites meu-*

nière, on ajoute une sauce qui peut être préparée de plusieurs façons :

1º Dans une petite casserole on fait blondir, à couleur noisette, un fort morceau de beurre (environ 100 grammes); au moment de le retirer du feu, on jette dedans une petite cuillerée à café d'échalote nouvelle hachée très finement; ce beurre avec hachis d'échalote est versé immédiatement sur les truites, on les arrose, en outre, d'un jus de citron, on saupoudre d'un peu de poivre moulu fraîchement et on joint du persil frais haché, à moins que l'on ne préfère garnir le plat avec de jolies branches de persil frit.

2º D'autres fois, pendant la cuisson au beurre des truites, on prépare une sauce ainsi faite : c'est un roux sans farine, composé de persil haché, sel et poivre délayés avec deux ou trois cuillerées à bouche de crème douce.

Les truites étant encore dans le beurre, on y ajoute la sauce à la crème qui est mélangée avec la friture; on laisse faire deux bouillons aux truites dans cette sauce, puis on sert très chaud avec assiettes chaudes.

Cette manière d'apprêter les truites à la meunière est véritablement très bonne.

3º Les truites nettoyées et vidées comme à l'ordinaire sont trempées dans du lait, puis passées dans la farine; après quoi, on bat un œuf avec de l'huile, du sel, du poivre, on y met les truites qui sont ensuite roulées dans de la mie de pain bien émiettée.

Dans une poêle, on met un gros morceau de beurre; dès qu'il est chaud, on y pose les truites qui doivent être bien à plat dans le fond de la poêle, à feu doux on fait cuire des deux côtés après avoir retourné le poisson au milieu de la cuisson quand il est doré de belle couleur, sans être brun, ce qui nécessite un quart d'heure à vingt minutes de cuisson pour des truites variant entre 125 et 150 grammes; on retire les poissons pour les dresser sur un plat que l'on met au chaud.

Dans la poêle, avec le beurre, on verse environ un verre de vin blanc, on fait réduire pour finir en ajoutant un bon morceau de beurre, un jus de citron et du persil haché. On versera la sauce sur les truites et on servira bien chaud.

Diverses sortes de poissons peuvent se préparer à la meunière; ce qu'il faut, ce sont des poissons à chair tendre, comme la perche, le mulet, le rouget de la Méditerranée, etc.; le hareng surtout est fort bon, accommodé à la meunière avec la sauce à la crème indiquée ci-dessus.

Quantité de poissons d'eau douce sont bons également, mais on ne peut les citer tous, car les espèces et aussi les noms sont spéciaux aux régions où on les pêche.

Purée de Marrons

Avec le filet de chevreuil et la plupart des pièces de venaison, on sert ordinairement une purée de marrons. Cette purée accompagne aussi fort bien des côtelettes de mouton ou d'agneau grillées ou cuites au jus des viandes quelconques : poitrine de mouton, veau braisé, volaille rôtie, filet de bœuf, etc., etc... C'est encore un bon entremets de légumes.

Pour faire de la purée, les châtaignes sont bonnes, elles sont moins chères que les vrais marrons : gros marrons de Turin ou de Lyon qui sont, certes, de meilleure qualité, mais incontestablement plus dispendieux. Néanmoins, nous ne conseillons pas de prendre des châtaignes tout à fait bon marché, il y en a tant de mauvaises dans la quantité, que ce n'est nullement une économie, elles reviennent même presque plus cher que celles de bonne qualité. Du reste, nous avons souvent remarqué qu'en général, ce sont les petits marrons qui sont mauvais, tandis que les moyens et les gros sont bons.

On hésite parfois à faire de la purée de marrons qui constitue, cependant, un bon plat nourrissant, parce qu'on ne sait pas bien procéder à leur épluchage et qu'on redoute la perte de temps, croit-on.

Mais quand on sait bien s'y prendre, il ne faut pas sensiblement plus de temps pour éplucher des marrons ou des châtaignes que tout autre légume.

Plusieurs façons sont bonnes pour enlever l'écorce des marrons.

On peut commencer par enlever l'écorce ou première pelure brune en ayant soin de rejeter de suite les marrons qui sont mauvais. Ceci peut se faire à l'avance, même la veille.

Au lieu d'enlever l'écorce, on peut se contenter de la tailler avec la pointe d'un petit couteau sur le côté bombé pour l'empêcher d'éclater; mais lorsque l'on cuit, ou plutôt quand on ébouillante ou blanchit les marrons en vue simplement de l'épluchage, on peut ne leur faire subir aucune préparation préalable; les deux peaux se retirent parfois en même temps avec la pointe du couteau.

De toutes manières, les marrons sont mis dans une casserole avec assez d'eau froide pour qu'ils en soient couverts. On fait prendre l'ébullition, et après deux ou trois bouillons, une minute de cuisson tout au plus, on retire la casserole tout à fait hors du feu, mais en la tenant au chaud.

On sort les marrons par deux ou trois seulement, en sorte qu'on les puisse éplucher pendant qu'ils sont brûlants. Pour cela, il faut avoir le bout des doigts habitués à la chaleur, il est à peine besoin de le dire.

Quand on a une certaine quantité de marrons à éplucher, il est préférable de ne pas les mettre à ébouillanter tous en même temps. On en fera bouillir une vingtaine, et tout en les conservant chauds, pendant qu'on épluche ceux-ci, d'autres sont mis à bouillir. Le blanchissage des marrons rougit l'intérieur des casseroles, il faut s'en méfier; mieux vaut donc se servir d'une vieille marmite.

Une tout autre manière, qui donne de très bons résultats, consiste, après avoir fendu l'écorce des marrons du côté bombé, à les mettre sur une plaque à l'entrée du four pendant quelques minutes (6 à 8), et c'est suffisant pour que la chaleur, en pénétrant sous l'écorce, la soulève légèrement.

Les marrons, on ne saurait trop le répéter, ne s'épluchent réellement bien que lorsqu'ils sont brûlants; on réussit au mieux si on peut s'arranger à les prendre un par un ou deux par deux pour enlever en même temps l'écorce et la pellicule qui est en dessous.

Dans un four très chaud, il y aurait à craindre que les marrons ne commencent à griller, chose sans importance si ces marrons étaient destinés à une garniture où ils dussent rester en entiers, mais ce ne peut être que nuisible pour une purée. Pour obvier à cet inconvénient, si le four était très chaud,

il faudrait mettre quelques cuillerées d'eau dans le fond de la plaque. En se vaporisant, cette eau empêche la chaleur de rissoler les marrons.

Pour les griller au four, il est essentiel que tous les marrons aient l'écorce entaillée, sous peine qu'ils n'éclatent sous l'action du feu, ce qui pourrait produire des dommages.

Dès que les marrons sont épluchés, on les met dans une casserole de grandeur appropriée et on verse dessus une quantité d'eau suffisante pour que les marrons baignent et puissent cuire sans attacher au fond, mais il ne faut pas qu'il y ait trop d'eau, car si les marrons s'écrasaient à la cuisson, on obtiendrait une purée lourde et sans goût. Il faut vingt à vingt-cinq minutes pour que les marrons soient à point pour être passés. On a mis une petite poignée de gros sel, quelques personnes ajoutent une petite branche de céleri; cette adjonction n'est à conseiller que lorsque la purée de marrons doit accompagner une viande; pour un entremets sucré, il n'en faut pas.

A l'eau, on peut substituer du bouillon ou moitié bouillon et moitié eau.

Quand les marrons sont cuits, on en égoutte l'eau, puis sans couvrir la casserole, on la met quelques minutes à l'entrée du four pour bien en réduire toute l'humidité.

Il faut alors passer les marrons au tamis pour obtenir la purée. C'est d'un tamis en fil de fer étamé ou en crin dont on se sert. Sur une terrine ou sur un torchon bien propre étalé sur la table, on pose le tamis; au milieu, on met seulement quatre ou cinq marrons et avec le pilon en bois on les écrase un par un, en appuyant assez fortement pour que la chair passe à travers le tamis et tombe en vermicelle. Il faut opérer vivement et toujours sur le même marron, on va ainsi beaucoup plus vite, autrement la purée se mettrait en boule, en pâte, et on ne pourrait plus la faire passer. On frotte avec le pilon en mouvement de va-et-vient, mais pas en rond, c'est défectueux.

Pour que les marrons passent bien, il ne suffit pas qu'ils soient bien cuits, il faut qu'ils soient brûlants, et c'est pour cette raison qu'il vaut mieux les passer par parties, tandis que le restant est tenu au chaud. Lorsque tout est passé, on met à nouveau la purée dans la casserole, en ayant soin de retirer avec une cuillère ce qui est resté en dessous du tamis.

On travaille alors cette purée avec le fouet ou avec une cuillère de bois pour l'obtenir bien lisse, ceci tout en la délayant petit à petit avec du lait, on ajoute du beurre divisé par petits morceaux et du sucre en poudre.

On peut mettre du jus de viande au lieu de lait au maigre, un peu de bonne crème bonifie cette purée.

On sucre et on sale selon les goûts.

Carpe à la Juive

Façon allemande

Cette préparation n'est sans doute pas du goût de la généralité de nos lecteurs, néanmoins c'est un très bon apprêt.

La cuisine allemande est ordinairement caractérisée par le mélange de vinaigre et de sucre, et par l'addition de beaucoup d'épices : poivre, muscade, cannelle, auxquelles s'ajoutent des raisins, des amandes, etc.

Dans l'assaisonnement de la carpe à la juive — façon allemande — ces principes sont observés; de plus, l'élément principal est l'oignon.

On aura donc une belle carpe dorée bien fraîche, vivante même si faire se peut.

Prenons une carpe pesant environ 1 kilog, les laitées sont fort estimées, mais les œufs sont bons aussi, en tous cas on mettra soigneusement de côté laite ou œufs qui, bien débarrassés du fiel, seront ajoutés dans la sauce.

Des oignons, on en compte de 750 grammes à 1 kilog, en les choisissant de belle taille.

Puis nous aurons 125 grammes d'amandes douces pesées sans coques; 150 grammes de raisins de Malaga; 1 demi-verre de vin rouge; 30 grammes de cassonade brune; 1 ou 2 cuillerées à bouche de vinaigre de vin; 2 cuillerées à bouche (soit 15 grammes) de farine, de la bonne huile blanche ou de l'huile d'olives, sans oublier du sel, du poivre, de la cannelle, de la muscade, des quatre-épices, un peu d'ail, un bouquet garni, soit persil, thym et laurier.

On commence par s'occuper des oignons, qui doivent être bien cuits. Mieux vaut prendre de gros oignons bien fermes.

Étant épluchés, on les coupe en deux par le milieu, après avoir supprimé la partie de la racine qui est dure; pour les émincer facilement et bien régulièrement en lames minces, il faut appuyer le côté coupé sur la table ou sur une planche, l'oignon étant d'aplomb et maintenu par la main gauche; avec la main droite tenant un couteau à lame fine et longue, on taille des tranches bien égales. On pourrait encore couper les oignons en rondelles bien minces, les tranches en sont néanmoins moins régulières.

Dans une grande poêle, on met de l'huile en quantité suffisante pour que les oignons y puissent cuire sans griller.

L'huile est chauffée un peu fortement et, dès qu'elle fume, on y jette les oignons; de temps en temps on les remue avec une cuillère de bois et on laisse cuire doucement jusqu'à ce que les oignons soient de belle couleur blonde.

Pendant que les oignons cuisent, on s'occupe de préparer la carpe. Lorsque le poisson a été écaillé, vidé et nettoyé,

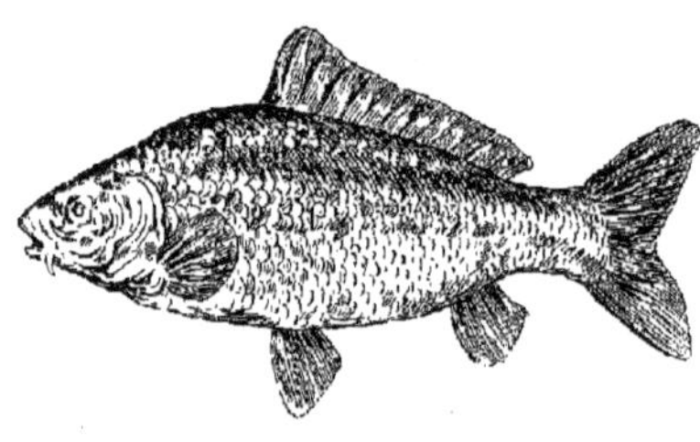

Carpe.

on le lave puis on le divise en tronçons de trois épaisseurs de doigt environ. Mis dans un plat, les morceaux sont salés et arrosés d'huile.

On monde les amandes en les plongeant dans l'eau bouillante, pour ensuite les rafraîchir et les débarrasser aisément de leur peau.

Après avoir essuyé les amandes, on les coupe en minces filets. On les réserve sur une assiette.

Les raisins de Malaga, que l'on choisit de belle qualité, à gros grains par conséquent, sont ouverts en deux et on en enlève les pépins. On les met à côté des filets d'amandes.

Les oignons étant dorés et fondus,

on y ajoute la farine, on remue en laissant cuire quelques instants, puis on ajoute la cassonade, les amandes, les raisins; on laisse faire encore un petit tour en remuant avec la cuillère, alors on délaie avec de l'eau chaude, puis on verse le vinaigre, le vin rouge; c'est le moment de mettre une poignée de sel, du poivre et toutes les épices et assaisonnements. Quand l'ébullition est à nouveau reprise, on met la carpe coupée en morceaux.

Le tout doit cuire lentement pendant au moins une demi-heure, en faisant attention à ce que le poisson ni les oignons ne puissent brûler. Au milieu de la cuisson, c'est-à-dire après un quart d'heure, on retourne les tronçons un par un en se servant de deux cuillères et en faisant en sorte de ne pas les briser.

On dresse dans un plat long un peu creux et pas trop large, la carpe est rétablie dans sa forme et lorsqu'elle est arrosée avec la sauce on ne distingue pas qu'elle ait été coupée en morceaux.

Autour du poisson on range en proportions égales les amandes et les raisins qui sont dispersés dans la sauce aux oignons.

On sert ce poisson chaud ou tiède; il n'est pas bon froid; s'il en restait, il faudrait le réchauffer en mettant le plat soit au bain-marie, soit au four.

Côtelettes de Mouton grillées

Il peut sans doute sembler superflu de vouloir parler des très simples côtelettes de mouton grillées; c'est un plat si connu, si courant, que toutes les personnes s'occupant quelque peu de cuisine savent les faire cuire.

Néanmoins, nous voulons donner aux cuisinières novices quelques petites indications.

Les meilleures côtelettes, les plus chères aussi, sont incontestablement les côtes premières; les moins chères sont les côtelettes découvertes, et entre les unes et les autres on découpe les côtelettes secondes.

Toujours il faut prendre des côtelettes rassies, le mouton, on le sait, n'est jamais bon à manger lorsqu'il est trop frais.

Les côtelettes grillées sont mises à tremper dans un peu d'huile avant de les mettre à cuire. La grillade se fait soit au gaz, soit sur braise; alors, il faut que le charbon soit préparé quelque temps à l'avance pour que la braise soit bien allumée et cependant pas trop ardente quand on s'en servira.

Si c'est le chauffage au gaz que l'on utilise, il convient de l'allumer quelques minutes d'avance; en tous cas, le gril doit être chauffé préalablement pour éviter que la viande ne colle aux barreaux de fer.

Certains cuisiniers mettent sel et poivre avec l'huile où l'on trempe les côtelettes, ou simplement salent les côtelettes; d'autres, au contraire, veulent les faire cuire sans sel. Le sel, paraît-il, aurait pour effet de faire sortir et couler le jus lors de la cuisson.

Les côtelettes seront posées sur le gril chaud, bien à plat, l'une à côté de l'autre, sans être trop serrées. Quand elles sont grillées d'un côté, on les retourne en ayant soin de ne pas les piquer, ce qui ferait sortir le sang. Selon qu'on veut une viande plus ou moins saignante et selon que le feu est plus ou moins vif, le laps de temps nécessaire à la cuisson se trouve mo-

difié. Trois minutes de chaque côté suffisent ordinairement pour avoir une côtelette rosée au milieu. Huit à dix minutes, voilà qui est un grand maximum pour obtenir une côtelette non saignante.

Dès que quelques gouttelettes de sang paraissent au-dessus de la viande, il faut retourner, c'est un indice du degré de cuisson.

Les côtelettes, pour être bien faites, ne doivent être retournées qu'une seule

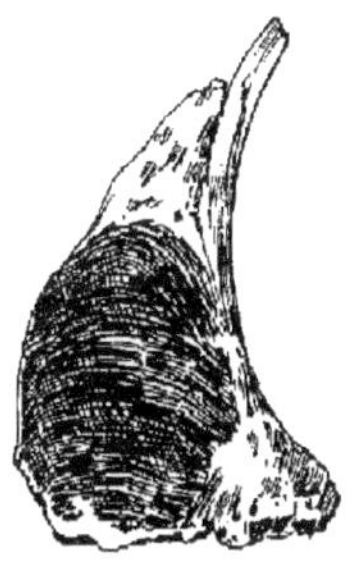

Côtelette de Mouton.

fois; elles seront rouges au centre, mais non violettes, alors elles auraient un goût de cru et ne seraient même pas chaudes à l'intérieur. Du reste, un peu d'habitude fait connaître le degré de cuisson recherché.

Toujours les côtelettes sont servies sur un plat chaud : on les dresse en couronne, l'os en haut. Si on les place sur une purée, *tel est le menu* : Purée de pommes de terre, purée Soubise, purée de marrons, etc.

Côtelettes sautées à la poêle. — Quand on n'a pas de gril à sa disposition on peut fort bien faire sauter les côtelettes à la poêle.

Dans une poêle de grandeur appropriée ou dans une sauteuse à la rigueur même, on fait chauffer un morceau de beurre, ou de bonne graisse. Lorsque la graisse est chaude, mais sans être trop fumante on y met les côtelettes qui doivent être saisies vivement. Après trois minutes on les retourne, on fait dorer du second côté pour ensuite les égoutter de leur graisse, on sale pour dresser de suite dans un plat bien chaud, et servir immédiatement.

Galette

Nous n'avons nullement l'intention de vouloir vous présenter une galette analogue à celles que l'on trouve chez les bons pâtissiers. Ni pâte brisée, ni pâte feuilletée d'une exécution longue et minutieuse et d'une réussite trop compliquée.

C'est une galette, une bonne galette de ménage, dont nous donnons la recette.

Ce qu'il faut, c'est tout d'abord de la bonne farine de gruau. On en prendra une demi-livre (250 grammes). Du beurre fin bien frais, il en faut 150 grammes; du sucre en poudre ou sucre semoule, de 50 à 100 grammes, selon que l'on veut une pâte plus ou moins sucrée. En outre, on n'omettra pas 5 grammes de sel blanc, les pâtisseries, quelles qu'elles soient, doivent toujours renfermer une minime quantité de sel, même si sucrées soient-elles.

Dans la pâte rentre encore de l'eau-de-vie ou un alcool quelconque : rhum, cognac, kirsch, etc. : il en faut environ un verre à madère; en outre, on ajoute de la cannelle en poudre, à peu près 5 grammes; on mettra aussi un peu de lait froid (1 cuillerée à bouche) et 1 œuf.

Dans un saladier ou une terrine à pâtisserie, on délaie, à l'aide de la cuillère de bois : le beurre coupé en morceaux, si on le jugeait trop ferme, le sucre, le sel, la cannelle; on y ajoute le verre d'eau-de-vie, l'œuf qu'on a eu soin de casser à part pour s'assurer de sa fraîcheur, et on continue à délayer en joignant la cuillère de lait.

Alors seulement que le mélange est bien fait, on y verse la farine que l'on incorpore le plus vivement possible. On peut, si on préfère, travailler avec la main en pétrissant; il faut obtenir une pâte bien lisse qu'on laisse reposer au frais pendant une heure ou deux.

Sur la planche à pâtisserie, ou sur la nappe *ad hoc*, on étend la pâte au rouleau.

Les quantités sus énoncées feront une galette de 20 à 22 centimètres de diamètre, que l'on fera cuire à four modéré pendant une demi-heure environ.

Avant de mettre la galette à cuire, on a posé la pâte sur une tourtière beurrée ou sur une plaque simplement mouillée.

On dore le dessus, soit avec du lait, soit avec un œuf entier battu, avec du jaune d'œuf, avec du blanc bien battu. On peut ne mettre que le jaune dans la pâte et garder le blanc pour glacer le dessus, la galette est néanmoins très réussie.

Dans tous les cas, on façonne le tour avec un couteau, on raye le dessus avec une fourchette en croix, on pique avec la pointe d'un couteau en plusieurs points avant de mettre au four.

Avant de l'enfourner, on a caché en dessous de la galette un baigneur, ou une fève, laquelle sera destinée à faire tirer les rois.

mettre dans une timbale; dresser dessus les demi-coffres, debout, appuyés l'un sur l'autre. Tenir au chaud.

Réduire la cuisson à 2 décilitres; y ajouter les intestins et le corail hachés avec gros comme une noix de beurre; cuire encore un instant, et passer à l'étamine.

Chauffer ce coulis, sans le laisser bouillir; le compléter, hors du feu, avec 100 grammes de beurre divisé en petits morceaux; verser sur les morceaux de homard et saupoudrer d'une pincée de persil concassé. .

Amourettes

Les amourettes ou moelle épinière du veau et du bœuf sont analogues, comme substance, à la cervelle de ces animaux et s'apprêtent de la même façon. Ces articles étaient fréquemment utilisés dans la cuisine ancienne.

Méthode de cuisson. — Faire dégorger les amourettes à l'eau courante, les éplucher ou limoner, c'est-à-dire les débarrasser de toutes les pellicules et autres parties nerveuses. Les laver et les plonger dans un court-bouillon préparé avec eau, jus de citron et sel. Les laisser pocher pendant douze à quinze minutes et les laisser refroidir dans leur court-bouillon si on ne les utilise pas de suite. (On peut aussi préparer le court-bouillon avec du vinaigre et l'aromatiser de légumes conservés (carottes et oignons), de thym et de laurier.) Les recettes indiquées pour les amourettes pourront être exécutées avec des amourettes de veau ou de bœuf.

Croustades d'Amourettes à la Polonaise

Couper 500 grammes d'amourettes égouttées en tronçons de 3 centimètres. Les rouler dans la farine et les faire rissoler à la poêle dans du beurre.

Les égoutter et les conserver au chaud.

Faire rissoler dans le même beurre 250 grammes de champignons escalopés.

Dresser les amourettes et les champignons mélangés dans un pain rond un peu plat (forme galette) évidé, beurré et préalablement séché au four.

Semer à la surface de la croustade deux grosses cuillerées de jaunes d'œufs durs et de persil haché et faire chauffer au four.

Faire chauffer dans la poêle 40 grammes de beurre; ajouter 2 cuillerées de mie de pain fraîche. Faire colorer cette mie de pain et verser le tout brûlant sur la croustade, que l'on servira aussitôt.

Palets au Miel

Une petite friandise bien simple à exécuter, mais qui n'en est pas moins fort bonne, ce sont des petits gâteaux secs, de ceux que l'on aime à conserver un peu en boîtes de fer-blanc pour les trouver comme en-cas.

Indépendamment de ce que l'on emploie toujours pour la pâtisserie : du sucre, de la farine et des œufs, il faut ici du miel. Point de beurre pour cette préparation.

Dans une terrine à pâtisserie, on mettra 125 grammes de sucre semoule, on y ajoute 2 œufs entiers qui ont été cassés à part afin de s'être auparavant assuré de leur bonne qualité; on travaille vivement sucre et œufs pendant cinq à dix minutes, puis on y ajoute 65 grammes de bon miel bien mélangé, on travaille encore avant d'incorporer doucement et peu à peu 150 grammes de farine bien sèche et tamisée. Quand la pâte est bien intimement mélangée, on la laisse reposer pendant au moins une demi-heure.

On aura préparé une plaque en ferblanc ou une tourtière qui sera beurrée ou huilée. La pâte est alors versée dans une poche en toile ou dans un cornet en papier à l'aide duquel on coule des petits ronds bien séparés les uns des autres. Avec une petite cuillère à café, on peut aussi déposer simplement des petits ronds sur la plaque, c'est moins rapidement fait, voilà tout.

On fait cuire à four doux, on retire dès que les ronds sont devenus d'une belle teinte dorée. Il faut, avec la lame d'un couteau, les détacher de la plaque pendant qu'ils sont encore chauds.

Saucisson en Chocolat

Mettre, sur la table, lors d'un goûter, du saucisson dans un ravier, peut sem-

Saucisson au chocolat.

bler drôle. Ceux qui ne se doutent de rien refusent d'en prendre, tandis que

les autres, devinant ce que c'est, s'en régalent en riant.

On prend du chocolat de bonne qualité, sans être positivement fin, mieux vaut qu'il soit sans vanille. On le fait fondre doucement sur une assiette posée sur une casserole remplie d'eau chaude et faisant office de bain-marie.

Alors qu'il est fondu, il faut y mêler du miel en quantité suffisante pour obtenir une bonne consistance, on assaisonne avec un peu de canelle en poudre et de girofle pilé. De ces aromates, il faut en mettre très peu, tout d'abord, et après avoir goûté, en ajouter si on le juge nécessaire.

On aura mondé des amandes ou des noisettes que l'on coupe chacune en deux ou trois morceaux; on les manie avec le mélange de chocolat et miel, de manière à ce qu'en coupant des tranches, on ait l'apparence d'un saucisson entrelardé.

On roule cette pâte de la grosseur d'un saucisson ordinaire. Quand le chocolat au miel n'est pas encore complètement refroidi, il se façonne comme l'on veut, ensuite, il se durcit.

Les tranches sont coupées à l'avance et rangées dans un plat à hors-d'œuvre.

Filet de Chevreuil ou Filet de Bœuf ou Mouton en Chevreuil à la Purée de Marrons

Nous donnons ici la façon d'accommoder le filet de chevreuil à la purée de marrons.

La manière de le préparer et la sauce qui doit l'accompagner peuvent fort bien être utilisées pour un morceau de filet de bœuf ou de filet de mouton.

En faisant mariner la viande, bœuf

ou mouton, pendant un certain laps de temps (de vingt-quatre heures à plusieurs jours), on fait acquérir à la chair le goût spécial qui caractérise le gibier.

De plus, on conseille, pour donner au mouton le goût du chevreuil, de prendre un morceau bien mortifié déjà : gigot, filet, côtelettes, et de le mettre dans une terrine avec une poignée de grains de genièvre et une pincée de mélilot avant de verser dessus une forte marinade où il y ait beaucoup de vinaigre de vin rouge; on laisse mariner de quatre à six jours, en ayant soin de retourner tous les jours le morceau de viande avec une fourchette.

Pour le chevreuil lui-même, disons tout de suite que c'est un abus de le faire mariner jusqu'à une huitaine de jours dans une forte marinade vinaigrée. De un à quatre jours, voilà qui est largement suffisant.

Le système de marinade au vinaigre est bon et surtout avantageux pour les maisons qui sont obligées de conserver les morceaux de chevreuil, mais c'est aux dépens de la qualité de la viande. Il suffit de l'arroser d'un peu d'huile et de cognac, on le retourne deux fois par jour, et il se conserve au frais cinq ou six jours, c'est plus qu'il ne le faut pour les cuisines bourgeoises.

De fort bons cuisiniers combattent la marinade au vinaigre, ils arguent que la marinade cuit les viandes et leur donne un goût uniforme; c'est peut-être vrai, et justement c'est ce qui fait qu'on peut avoir recours à ces marinades pour donner à une simple viande de boucherie la caractéristique spéciale du gibier à poils.

N'omettons pas de noter que la cuisson des viandes noires, chevreuil ou autres, demande à être bien conduite et bien surveillée : il faut que la chair soit rose, mais non pas rouge et sanguinolente, ce qui fait qu'elle présenterait un aspect peu tentant.

Dans certaines bonnes maisons spéciales, on livre tels morceaux de gibiers que l'on veut, ayant été marinés, et on vous joint de la marinade; le travail est ainsi simplifié.

Mais si l'on veut préparer la marinade, voici comment on procède :

Sur la viande, on versera une marinade composée d'huile, sel, épices : soit poivre, clous de girofle, grains de genièvre, feuilles de laurier, branche de thym; il ne faut pas mettre des tranches d'oignons, et si l'on veut un peu d'ail, on ajoute du vin blanc au lieu de vinaigre; de celui-ci, il faut compter la proportion d'une cuillerée pour deux à trois d'huile.

Le morceau de viande est retourné et arrosé de sa marinade tous les jours, et plutôt deux fois qu'une.

Autrement on peut, après avoir fait parer le morceau de filet dont on conserve les parures, mettre sur la viande des rouelles de carottes et d'oignons, des tranches de persil; puis on verse sur le filet un quart de litre de vin blanc, un filet de vinaigre et une ou deux cuillerées d'huile, ceci pour que la viande ne noircisse pas au contact de l'air et que la marinade ne s'évapore pas. On a mis naturellement des épices et aromates, certains voudraient que l'on n'y mît pas de sel qui altère et rougit la chair du chevreuil, paraît-il.

Lorsqu'on veut cuire la viande, on la retire de la marinade et on l'égoutte soigneusement sur un torchon, en l'essorant le mieux possible, une heure à l'avance environ.

Parfois, pour que la viande soit plus vivement attendrie, et ceci surtout pour une viande quelque peu ferme, on la met mariner pendant vingt-quatre heures dans une marinade cuite que l'on verse bouillante sur la viande.

Dans une casserole ou cocotte de petite taille, on met un peu de bonne graisse, où l'on fera revenir les déchets ou parures mis dans la marinade, cette graisse permet de bien faire dorer, tandis qu'avec du beurre qui noircirait ce ne serait pas possible; on y ajoute les légumes coupés en petits morceaux, on met à grand feu pour que le tout soit bien rissolé. Lorsque le tout est bien doré, on mouille avec un verre de la marinade, autant de vinaigre et on met 10 grains de poivre écrasés. On laisse bouillir et réduire presque à sec.

Avant de mouiller, il n'est pas superflu d'égoutter la graisse de la casserole elle est inutile dans la sauce.

Si on possède de la glace de viande, on en ajoutera à la sauce qui est réduite presque à sec; à défaut, du bon bouillon très peu salé ferait bien ou du jus fait avec des os ou débris de volailles; on laisse cuire encore une heure, jusqu'à ce que les déchets du filet soient très cuits; à ce moment, on dégraisse à nouveau si besoin il y a, et on passe la sauce au chinois ou au tamis. On goûte pour joindre, s'il le faut, du sel et du poivre, puis on met une pincée de raisins de Corinthe qui auront été soigneusement triés et lavés, et une pincée d'amandes grillées coupées en petits filets.

Mieux que les amandes, on met des pignons ou pignoli, ce sont les graines ou amandes d'un pin cultivé que l'on trouve en quantité dans le Midi; on les achète en général toutes mondées, mais il faut les trier, les laver, les es-

suyer et les faire colorer à l'entrée du four.

Le filet est cuit à la broche ou à défaut de broche, au four; il nécessite un quart d'heure de cuisson par livre net de viande; on le laisse cuire à bon feu sans être trop ardent en ayant soin de l'arroser de temps en temps avec la marinade. On retire le filet tout en le tenant au chaud; on enlève la graisse, on fait vivement réduire le jus en le faisant cuire, mais sans qu'il y ait le moindre risque qu'il n'attache au plat, on utilise à nouveau un peu de marinade pour déglacer et on ajoute ce jus dans la sauce.

On finit en passant à nouveau la sauce au chinois, on met dans le plat chaud le filet de chevreuil autour la purée de marrons, et sur le tout on verse la sauce.

Servi de cette façon, le filet de chevreuil à la purée de marrons est présenté après le potage, c'est une entrée; si on veut le servir comme rôti, on le met dans un plat long et la sauce est envoyée à part dans une saucière, on la passe en même temps.

Rillettes de Porc ou d'Oie

PROPORTIONS :

Oie, une moitié, environ..	2 kilog.
Porc frais maigre et gras..	1 kilog.
3 feuilles de laurier......	Mettre le
3 branches de thym......	tout dans un
3 clous de girofle........	porte-épices
6 gousses d'ail	ou un sach.
Sel épicé	75 gr.

Procédé. — Videz l'oie, flambez-la, désossez-la et coupez-la en dés, découpez de même le porc frais, mettez le tout ensemble dans une casserole en terre ou à défaut en fonte, et faites cuire à feu très doux pendant six heures au moins en remuant à la spatule.

Quand la graisse est devenue claire, ce qui indique que les chairs sont cuites, ajoutez-y les épices et le sel épicé. Laissez ainsi bien compoter pendant une heure hors du feu. Égouttez alors les morceaux de viande et réservez la graisse dans un autre récipient.

Pilez les chairs finement au mortier ou passez-les à la machine à hacher si vous en disposez d'une, en tous cas, faites que toutes les chairs soient très fines et forment une sorte de farce. Mettez cette farce dans une terrine et mélangez doucement à la spatule toute la graisse petit à petit sans cesser de remuer pour que le tout se lie bien.

Mettez en pots de grès avant que ce soit refroidi, et une fois froid, coulez une couche de saindoux d'un centimètre sur les pots. Conservez en lieu frais.

En ajoutant un foie gras d'oie, les rillettes seront plus fines. On peut faire des rillettes communes en supprimant l'oie et en la remplaçant par du porc, le jambon frais est le morceau qui convient le mieux. On supprime la couenne.

Abricots à la Bourdaloue

Cuisine de ménage. — Faire pocher au sirop 24 moitiés ou oreillons d'abricots. Les égoutter, les éponger et les ranger d'un appareil de semoule cuite au lait vanillé et sucré, et liée avec des jaunes d'œufs. Verser sur les abricots une deuxième couche du même appareil, saupoudrer de macarons écrasés

et de sucre en glace et faire gratiner au four. Servir en même temps une sauce abricots parfumée au kirsch.

Beignets à l'Abricot

Préparez une pâte à frire avec les proportions suivantes :

PROPORTIONS :

    3 œufs;
  250 grammes de farine;
   50 grammes de beurre ou 3 cuillerées à
        soupe d'huile d'olive;
    5 grammes de levure;
    5 grammes de sel;
    5 grammes de sucre.

Faites lever cette pâte pendant deux heures et travaillez-la bien à la cuillère. Préparez des moules à tartelettes beurrés. Garnissez le fond avec une cuillerée à entremets de pâte et mettez au milieu de celle-ci une cuillerée à café de marmelade d'abricots. Recouvrez avec gros comme un œuf de pâte et laissez lever les beignets pendant une heure. Faites-les frire à grande friture chaude, démoulez-les et poudrez-les au sucre vanillé. Servez chaud.

Tôt-Fait

Comme son nom l'indique, c'est un entremets vivement fait; mais justement, pour que la réussite soit complète, il faut aller vite, ne point faire attendre la pâte lorsqu'elle est prête et s'arranger à avoir un bon four afin que la préparation ne languisse pas au feu, ce qui empêcherait que la pâte ne monte comme il convient.

Pour 3 œufs de moyenne grosseur, on prendra 3 verres à bordeaux de

farine de gruau, 3 verres à bordeaux
également de sucre en poudre ou sucre
semoule, ceci sans oublier un parfum
quelconque, eau de fleurs d'oranger,
vanille ou zeste de citron. On se sera
prémuni de lait qu'on aura eu soin de
faire bouillir à l'avance puis refroidir, en
sorte qu'il soit froid ou seulement tiède.

Dans la terrine à pâtisserie, on met
tout d'abord la farine, en faisant un
trou au milieu pour y placer les jaunes
d'œufs. Les œufs auront été cassés un à
un dans un bol avant de les mettre
dans la terrine, car en toutes saisons il
peut y avoir des œufs douteux, et maintenant plus que jamais. Les blancs sont
réservés à part dans un bol, pour être
ensuite battus en neige. On travaille
la farine avec les jaunes d'œufs de manière à en faire une pâte épaisse; quand
le mélange est bien intime, on ajoute
du lait jusqu'à ce que l'on obtienne une
sorte de bouillie épaisse; à ce moment,
on verse doucement, en pluie, le sucre
en poudre en continuant à travailler,
on joint le parfum, fleur d'oranger,
vanille, citron.

Puis les blancs d'œufs étant battus
en neige, on les ajoute à la pâte et on
remue doucement, sans battre, pour
opérer le mélange. Si l'on battait la
pâte, on l'alourdirait et elle ne pourrait
avoir la légèreté voulue pour bien
monter au four.

On beurre un moule, une tourtière
un peu haute ou un plat creux, et on y
verse la bouillie au moment même de
la mettre au four.

Cet entremets doit cuire à four très
chaud. Il faut à peu près vingt à vingt-
cinq minutes de cuisson.

Cette pâte monte comme une omelette soufflée si elle n'a pas attendu
et si le four est chaud à point.

Aubergines farcies

Il faut choisir des aubergines bien
mûres, autrement elles ont trop d'â-
creté. Toutefois, lorsqu'elles sont plus
que mûres, elles deviennent cotonneuses,
les graines sont alors dures et la chair
est devenue tellement épicée qu'elle
n'est pas mangeable.

La meilleure époque pour les aubergines est du mois de juillet au mois
d'octobre.

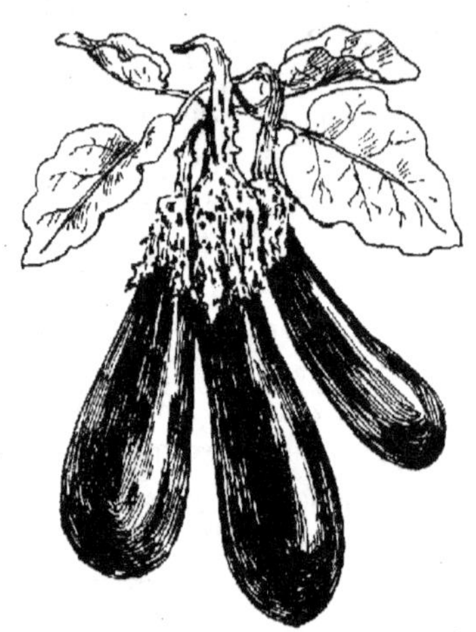

Aubergines.

On choisira des aubergines violettes,
de bonne grosseur. On les fend en deux
dans le sens de la longueur, au milieu
et d'un bout à l'autre.

On peut se contenter de retirer une
partie de la pulpe à l'aide d'une petite
cuillère; cette pulpe servira pour la
farce.

Ou bien on raye la chair avec la
pointe du couteau sans toucher à l'enveloppe; on saupoudre de sel fin et on
laisse attendre ainsi les moitiés d'aubergines qui rendront leur eau. En-

suite on retire la chair de l'intérieur sans endommager l'enveloppe surtout, et on les fait égoutter.

Dans une petite casserole, on met une bonne cuillerée d'huile d'olives ou de beurre, on laisse chauffer et on ajoute de la mie de pain trempée dans du bouillon ou du lait puis mise à égoutter. On a haché grossièrement la chair retirée des aubergines avec du persil, une moyenne échalote, et si l'on veut sept ou huit champignons. On joint du sel, du poivre, et un jaune d'œuf.

Le tout étant bien mélangé forme une farce dont on remplit les aubergines que l'on range dans un plat en porcelaine, en terre ou émaillé. L'étain donnerait une couleur foncée.

On arrose d'un peu d'huile ou de beurre fondu, et on fait cuire à four chaud pendant vingt à vingt-cinq minutes.

Avant de mettre au four, on saupoudrera la surface des aubergines avec de la mie de pain émiettée finement ou avec de la chapelure blonde.

On peut ajouter à la farce un peu de viande. Un reste de veau, de bœuf ou de jambon fait très bon effet. En ce cas, on supprimera à volonté les champignons.

Certains cuisiniers ne mettent pas d'œuf dans la farce, mais c'est bien moins bon incontestablement.

Si l'on aime les assaisonnements relevés, une pointe d'ail y a sa place.

Ce qui est très bon, c'est d'arroser les aubergines au moment de servir avec un peu de sauce de tomate.

Aubergines frites

On peut se contenter de couper simplement les aubergines par tranches rondes, de l'épaisseur d'un centimètre à un centimètre et demi.

Certaines personnes veulent qu'on les épluche avant de les couper en tranches.

On les passe dans la farine tout bonnement.

Quelques cuisiniers font une pâte à frire où ils plongent les tranches d'aubergines avant de les mettre à frire en pleine friture brûlante, ce sont alors plutôt des beignets d'aubergines.

Dès que les tranches d'aubergines sont bien dorées et croustillantes, on les retire de la friture en les égouttant bien, on les assaisonne de sel fin et on sert bien chaud.

Les beignets d'aubergines se servent saupoudrés de sel ou de sucre selon les goûts.

Aubergines sur le gril

Les aubergines doivent être coupées sur leur longueur en deux parties égales. On les saupoudre de sel et de poivre, et on les arrose d'huile pour les laisser ainsi mariner environ une heure.

Au bout de ce temps, on les égoutte quelque peu avant de les mettre sur un gril chauffé; quand elles commencent à se colorer, on arrose avec de la marinade, puis on retourne les aubergines pour qu'elles cuisent du second côté.

On les sert en hors-d'œuvre.

Poulet sauté à la Bordelaise

Pour obtenir un bon poulet sauté, il faut prendre un poulet jeune et tendre de grosseur moyenne, plutôt petit que gros.

On reconnaît un jeune poulet à plusieurs indices. Les pattes sont relativement grosses et les écailles de leur peau ne sont guère marquées, elles sont dépourvues d'ergot.

Un jeune poulet aura la chair blanche et fine, on distingue sa bonne qualité en voyant une belle graisse blanche, tandis que la chair doit s'écraser quand on la serre entre les doigts. Un poulet de grains, bien en chair et pas gras, convient au mieux pour faire un bon poulet sauté.

On commence par bien nettoyer le poulet de toutes ses plumes; on le flambe légèrement pour arracher celles-ci avec plus de facilité au bout des ailes, on peut tremper quelques secondes les ailerons dans l'eau bouillante. Pour les pattes, on les trempe une demi-minute dans l'eau bouillante, puis prenant en main un linge ou un torchon grossier, on tire la peau à partir de la jointure jusqu'au bout de la patte; avec un couteau bien tranchant en posant la patte sur une planche, on sectionne le bout des doigts pour retirer les ongles.

Il faut vider le poulet avec soin, bien retirer le jabot, ne pas oublier de débarrasser le foie du fiel, sortir tous les boyaux, ôter la poche intérieure du gésier contenant du gravier.

On découpe le poulet à cru. On enlève les quatre membres, ce qui donne dix morceaux avec les carcasses, les estomacs, le tout détaillé en sorte que l'on ait des morceaux à peu près de mêmes dimensions.

Dans un plat à sauter, une poêle, une casserole de cuivre étamé ou une casserole en terre, on met de l'huile d'olives (2 cuillerées) ou une cuillerée de graisse; on laisse chauffer pour y placer les morceaux de poulet. On range les cuisses du côté de la peau, les morceaux de carcasse, les abatis les uns à côté des autres et on laisse dorer. Cinq minutes après on joint les ailes et les filets ou blancs qui sont moins longs à cuire. On retourne chaque morceau avec la fourchette sans les piquer, lorsqu'ils ont pris une belle couleur.

On sale, on poivre, et on laisse cuire en retournant de temps en temps les morceaux.

Dès que le poulet est dans la casserole, on épluche des artichauts.

On arrache la queue ainsi que les premières feuilles du dessous, on coupe les autres feuilles presque à leur base, c'est-à-dire que l'on ne conserve guère que la partie comestible, on retire le foin, puis on coupe les artichauts en morceaux; selon leur grosseur, on fera quatre ou six quartiers. Toutefois, il convient de dire que des artichauts moyens sont préférables, car les gros seraient durs le plus souvent, trop longs à cuire par conséquent. Avec un petit couteau d'office on enlève la partie verte du fond qui est filandreuse, le fond doit être blanc, et pour qu'il reste tel, on le frotte avec du jus de citron.

Les artichauts sont ajoutés dans la casserole en même temps que le poulet, car si celui-ci est tendre et de bonne qualité, la cuisson n'en est pas longue et les artichauts n'ont que juste le temps de cuire.

Un poulet jeune cuira en vingt minutes. Donc, pour les ailes et le blanc, un quart d'heure seulement de cuisson, puisqu'on les ajoute cinq minutes après.

D'autre part, on aura épluché des pommes de terre, de préférence des petites nouvelles, à moins qu'on n'en taille des petites boules dans de grosses pommes de Hollande. On les fait frire en pleine friture. Quand ces pommes de terre sont frites, dorées à point, bien égouttées, on les joint au restant, on ajoute un hachis d'ail et persil, on fait faire un bouillon ou deux et on sert bien chaud.

Il est sans doute superflu de recommander de ne faire frire les pommes de terre que juste au dernier moment, et de ne les joindre au plat que quelques instants avant de servir ; elles doivent être croquantes autrement elles se ramolliraient.

Mieux encore, on peut seulement mettre dans la casserole le hachis d'ail et persil qu'on fait cuire quelque peu, tandis que les pommes de terre bien grillées et brûlantes sont rangées simplement autour du plat au moment de servir.

On dresse le poulet en pyramide sur un plat bien chaud. Les morceaux ne doivent pas être mis pêle-mêle, mais bien rangés, en posant sur le dessus les cuisses dont les os se croisent, le filet est mis aussi dessus, avec les ailes à côté.

Les quartiers d'artichauts alternent autour avec les pommes de terre.

Le véritable poulet à la bordelaise se fait à l'huile d'olives, mais si l'on n'aime pas la cuisson à l'huile, qui avec les hachis d'ail et persil donnent la caractéristique de la cuisine du Midi, on peut modifier cet apprêt en mettant beurre ou bonne graisse, et en retirant l'ail que tous les estomacs ne sauraient digérer.

Pour simplifier le plat, on peut supprimer le fond aux cœurs d'artichauts, le poulet sauté est moins recherché, mais néanmoins fort bon si la cuisson a été bien conduite.

Gaufres

Les gaufres constituent une gourmandise qui plaît à peu près d'une façon générale.

La pâte n'est pas d'une réussite difficultueuse, elle présente quelque analogie avec la pâte à crêpes. Quant à la cuisson, elle est bien simple, tout bonnement un peu d'habitude pour saisir le degré de chaleur et le temps nécessaire pour que les gaufres soient à point. Les gaufres peuvent se manger chaudes, tout à fait brûlantes, et froides elles sont également très bonnes. Selon qu'on les doit consommer de telle ou telle façon, le degré de cuisson doit être modifié. Pour manger chaude, la gaufre sera peu cuite ; pour servir froide, au contraire, elle devra être bien colorée.

Pour faire des gaufres, ce qui est indispensable, c'est un gaufrier. La mesure courante est dix-sept centimètres sur onze et ce ne constitue pas une grosse dépense.

Pour la pâte, nous préparerons :

De la bonne farine de gruau, 250 grammes, puis nous aurons 60 grammes de beurre, indépendamment du beurre que l'on doit avoir à sa disposition pour graisser le moule. Des œufs bien frais et de belle grosseur, il en faut 3, sans oublier du sucre en poudre, de l'eau-de-vie, de la bonne huile à manger, un parfum quelconque : écorce de citron râpée, écorce d'orange ou eau de fleur d'oranger.

Dans une terrine, on met la farine que l'on aura tout d'abord passée au tamis pour éviter des grumeaux, on la dispose en fontaine pour réserver un trou au milieu où l'on place deux petites pincées de sel fin, une cuillerée à bouche d'eau-de-vie, une cuillerée d'huile d'olive ou d'huile blanche, deux cuillerées de sucre en poudre, le zeste de citron ou d'orange râpé, puis deux œufs entiers et un jaune ; le blanc restant est réservé pour être ensuite battu en neige. On joint le beurre (60 grammes) qui a été mis à tiédir, en sorte qu'il est mou ou à moitié fondu. On commence par délayer la farine en tournant au milieu sans déranger les bords, le mieux est de prendre le bout des doigts de la main droite ; tout doucement on amalgame de la farine en ayant bien soin qu'il n'y ait pas du tout de grumeau, peu à peu on mouille avec du bon lait jusqu'à ce que l'on obtienne la consistance d'une bouillie épaisse. Il n'est pas possible d'indiquer la quantité de lait nécessaire, attendu que certaines farines absorbent plus ou moins de liquide.

Ce n'est pas une pâte, mais une bouillie que l'on doit obtenir ; inutile d'ajouter que lorsqu'on y a mis du lait on a pris une cuillère pour continuer à travailler ou mieux à battre la composition.

Le blanc d'œuf réservé est alors battu en neige, on l'ajoute à la pâte. Celle-ci est prête à être employée.

Le gaufrier ayant été soigneusement essuyé, on le fait chauffer des deux côtés sur un feu sans fumée ; lorsqu'il est bien chaud sans être rouge, on passe à l'intérieur un morceau de beurre tenu à la pointe d'un couteau afin d'en bien beurrer les parois. Ce qui est mieux et plus commode, c'est de mettre un morceau de beurre dans un nouet en grosse mousseline, on passe ce tampon en dedans du moule qui est fort bien beurré ainsi.

On verse de suite une cuillerée de pâte dans le gaufrier, on ferme le moule sans le serrer ; immédiatement on fait chauffer, une ou deux minutes de chaque côté ; selon l'ardeur du feu, la cuisson se fait plus ou moins rapidement ; on ébarbe les bords avec un couteau, on ouvre le gaufrier pour voir si la gaufre est d'une belle couleur blonde ; si oui, on la retire. On saupoudre de sucre avant de servir. C'est du sucre en poudre fine ou sucre glace qu'il faut et non pas du sucre semoule qui ne tiendrait point sur la surface lisse de la gaufre.

Gelée de Pommes

Les proportions sont les suivantes : Pour 3 kilos de pommes, 4 litres d'eau. Par litre de jus, 750 grammes de sucre et un citron. Choisissez de belles pommes, essuyez-les soigneusement, puis coupez-les en quartiers minces, enlevez les pépins, les parties dures, la queue, et jetez-les au fur et à mesure dans la bassine où vous avez déjà mis l'eau.

Quand toutes les pommes sont réunies, mettez la bassine sur le feu, lequel doit être soutenu et son foyer large, afin que les pommes bouillent partout.

Dès que l'ébullition est déclarée, modérez le feu afin d'éviter que les pommes ne tombent en purée, elles doivent seulement être molles sous le doigt. Quand elles sont à ce degré, retirez du feu et, tout de suite, passez le jus.

Pour cela, disposez un grand tamis sur une grande terrine, prenez les pommes avec une écumoire, posez-les sur le tamis et versez dessus ce qui reste de liquide dans la bassine. Surtout, ne tassez ni pressez les pommes; de temps en temps seulement, donnez de petits coups sur le tamis pour activer. Pendant que les pommes s'égouttent, préparez l'écorce de citron. Ne prenez absolument que la partie jaune et coupez cette pelure en fines lamelles, mettez-les dans une casserole avec deux décilitres d'eau déjà bouillante. Laissez bouillir vingt minutes environ; au bout de ce temps, égouttez les pelures et gardez l'eau de cuisson.

Pesez alors votre jus. Pour cela, transvasez-le délicatement (sans prendre le fond trouble) dans un vase que vous aurez pesé vide et que vous repèserez avec le jus.

Vous ajouterez alors la proportion de sucre indiquée et l'eau de citron. Vous posez la bassine sur un feu vif et ne la quittez plus. Avec l'écumoire, aidez le sucre à fondre et enlevez l'écume au fur et à mesure qu'elle se forme.

Il n'y a pas de limite de temps à préciser pour la cuisson, le seul degré à spécifier est celui que l'on reconnaît à la densité du sirop.

La gelée doit être à « la nappe » et au pèse-sirop marquer 30 degrés environ. En tout cas, en faisant couler quelques gouttes de gelée sur une assiette froide, il est facile de voir si elle fige aisément : elle est alors à point.

Versez-la au-dessus du tamis dans une terrine propre pour compléter l'écumage. Mélangez les peaux de citron bien épongées et remplissez les pots pendant que la gelée est encore chaude.

Comme pour les autres confitures et gelées, vous ne couvrez les pots que lorsqu'ils sont absolument refroidis.

Marmelade
ou Confiture d'Abricots de ménage

On fait couramment dans les ménages une très bonne marmelade d'abricots qui est plutôt une confiture aux fruits entiers qu'une marmelade comme la précédente, qui ne se fait qu'en pâtisserie ou confiserie.

PROPORTIONS : ·
1 kilog. d'abricots sans noyaux;
800 grammes de sucre en pain;
1 verre d'eau (facultatif).

Procédé. — Épluchez de beaux abricots sains et surtout bien mûrs, et mettez de côté la moitié des noyaux que vous casserez pour retirer les amandes. Échaudez et mondez ces amandes, et coupez-les en filets, autrement dit, effilez-les, réservez-les au frais sur une assiette.

Réunissez dans une bassine en cuivre rouge le sucre et les abricots, et placez-la à feu doux sans cesser de remuer; si les abricots sont très juteux, le sucre fondra suffisamment; s'ils sont fermes, mettez un verre d'eau qui aidera la fonte du sucre.

Quand le sucre est fondu, activez le feu, et, au premier bouillon, comptez vingt minutes de cuisson à ébullition soutenue; retirez la bassine du feu au bout de ce temps et jetez-y les amandes effilées et mettez-la en pots au bout de cinq minutes, quand elle sera un peu refroidie. Avant qu'elle le soit complètement, dans les pots, remuez-la avec une petite cuillère pour mélanger à nouveau les amandes qui tendent toujours à remonter à la surface, ce qui nuit au coup d'œil ainsi qu'à la bonne conservation. Couvrez le lendemain : 1° avec un papier enduit de glycérine posé à même la confiture; 2° avec un papier parchemin ficelé ou collé sur les bords des pots. Conservez en lieu sec, à l'abri de la chaleur et de l'humidité.

Remarque sur la confection des confitures

Nous préconisons, dans toutes les préparations de confitures, l'emploi du sucre en pain, contrairement à la majorité de nos confrères qui préconisent l'emploi du sucre cristallisé. La raison est que, pour un palais délicat, le sucre cristallisé a une odeur et un goût caractéristiques qui changent complètement l'arome de la confiture.

L'économie (environ 0 fr. 10 par kilog. de sucre) est trop minime pour que nous en conseillions l'emploi.

Nous laissons cependant chacun libre d'agir à sa guise et nous nous contentons de vous donner notre opinion motivée.

« Fritters » de Pommes

Ayez des pommes savoureuses, ôtez-en les pépins avec le vide-pommes, découpez-les en tranches horizontales pas trop minces, mettez celles-ci dans une large assiette, versez-y un petit verre de rhum, saupoudrez-les de sucre. Ceci deux heures avant de les frire. Délayez en attendant un jaune d'œuf avec un peu de lait, versez ce liquide goutte à goutte dans un demi-quart de litre de farine de Hongrie tamisée et légèrement salée, ajoutez 1 décilitre de crème et deux blancs d'œufs fouettés.

Égouttez vos tranches de pommes, trempez-les, une à la fois, à l'aide d'une fourchette, dans la pâte qui doit être presque coulante, et jetez-les aussitôt dans du saindoux bouillant où elles doivent prendre une belle couleur dorée.

Saupoudrez de sucre et servez aussitôt. Si les tranches n'étaient pas assez régulières, il faudrait les réduire avec un emporte-pièce.

« Fritters » à l'Orange

Pelez des oranges très douces, partagez chaque fruit en huit quartiers, enlevez soigneusement les pépins à l'aide d'un cure-dents. Faites macérer deux heures les quartiers dans du sirop de sucre (150 gr. de sucre que vous faites bouillir longuement avec cinq cuillerées d'eau), trempez les oranges dans la pâte suivante, faites-les frire dans la graisse ou dans l'huile bouillante, saupoudrez-les de sucre et faites fondre et roussir ce sucre en leur approchant la palette rouge (brûlante).

Pâte pour six oranges. — 150 grammes de farine, deux gros œufs, trois cuillerées d'huile fine, un peu de rhum. Elle doit être presque coulante.

« Fritters » de Poires

Ayez des poires d'hiver assez dures encore, pelez-les, découpez-les en quartiers (cinq ou six par poire), cuisez ces tranches avec un peu d'eau et pas mal de sucre vanillé jusqu'à ce qu'elles soient assez molles. Mettez-les dans une assiette et versez-y deux ou trois cuillerées de curaçao. Préparez (trois heures avant de frire les poires) la pâte suivante : un demi-quart de litre de farine, une cuillerée et demie d'huile fine, une demi-cuillerée de cognac, un jaune d'œuf, un grain de sel, le tout bien mêlé. Au moment de vous en servir, ajoutez le blanc de l'œuf fouetté.

Trempez les quartiers de poire dans cette pâte et procédez comme dans la recette précédente.

« Fritters » de Mandarines

Comme les précédentes, en employant un peu moins de sucre. Vous pouvez enfiler quatre ou six quartiers de mandarine dans un cure-dents avant de les tremper dans la pâte.

« Fritters » de Bananes

Epluchez les bananes, divisez-les en tranches pas trop minces, macérez-les dans du sirop additionné de jus de citron, trempez, avant de les frire, dans une pâte pareille à celle qui a été indiquée pour les poires.

Chateaubriand à la Mirabeau

Formule. — 800 grammes de filet de bœuf, 4 anchois de Collioure au sel, 60 grammes de beurre, 30 olives, un peu de jus de citron, 1 cuillerée à café d'*Essence d'anchois Al Rhon's.*

Parez le filet, marinez-le avec l'huile et mettez les olives dénoyautées dans l'eau tiède ; lavez les anchois trois fois, séchez-les dans un linge en appuyant fortement dessus, enlevez l'arête et faites de longs filets.

Allumez de la braise de charbon de bois et laissez un peu s'amortir, mettez un gril haut sur ses pattes, au moins l'épaisseur de la main ; aussitôt chaud, mettez le filet roulé dans l'huile, laissez griller 8 ou 9 minutes de chaque côté, salez en sortant du gril sur le plat et très peu.

Mélangez l'*Essence d'anchois Al Rhon's*, le beurre et le citron, mettez sous le filet les filets d'anchois au-dessus, les olives autour, et servez de suite.

Emincés de Bœuf sauce rémoulade

Enlevez à un restant de bouilli ou rôti les nerfs, peaux et graisse. Coupez en travers des tranches minces et larges, dressez sur un plat et nappez d'une sauce rémoulade.

Ragout de Bœuf

Formule. — 500 grammes de bœuf bouilli, 50 grammes de lard maigre, 1 oignon moyen, 10 grammes de farine, 1/2 litre de bouillon ou d'eau, 1 petit bouquet garni, 1 tomate à la saison, 1 gousse d'ail, sel, 1 cuillère à bouche de *Sauce française Al Rhon's*, 500 grammes de petites pommes de terre.

Opération. — Couper le lard en petits dés, mettre dans une casserole moyenne une cuillère à bouche de graisse, le lard et l'oignon ciselé en filets assez fins, faire rissoler lentement ; il faut 12 à 15 minutes. Égoutter la graisse, saupoudrer avec la farine, remuer une demi-minute, mouiller avec le liquide et remuer pour bien mélanger.

Ajouter les autres condiments, la tomate grossièrement coupée et pelée, les pommes de terre entières et toutes petites, finalement le bœuf dégraissé, paré et découpé en morceaux carrés un peu épais. Laissez cuire à feu doux 40 minutes.

Parfait vanillé

Proportions pour 10 personnes. — 1/4 de litre de sirop à 32 degrés au pèse-sirop, 8 jaunes d'œufs, 1 gousse de vanille Bourbon, 1/2 litre de crème fouettée.

Procédé. — Mettez dans une petite casserole les jaunes d'œufs avec le sirop à 32 degrés et la vanille. Placez cette casserole au bain-marie dans l'eau bouillante après avoir mélangé au fouet le sirop et les jaunes d'œufs et, de temps en temps, remuez au fouet. Quand le mélange épaissira et que les jaunes d'œufs commenceront à coaguler retirez la casserole du feu et versez son contenu sur un tamis de crin placé au-dessus d'une terrine. Passez l'appareil au travers du tamis et fouettez-le jusqu'à ce qu'il ait au moins doublé de volume et soit refroidi.

Mélangez la crème fouettée mesurée toute fouettée et garnissez un moule avec cet appareil. Que le moule soit surtout très plein. Recouvrez d'une feuille de papier puis du couvercle et sanglez le moule dans un mélange de glace pilée et de sel gris à 10 % de sel.

Deux heures après, le parfait est prêt à servir.

Filets de Merlans
au Beurre de Crevettes

Formule. — 3 merlans de 200 grammes chaque, 3 cuillerées à bouche d'*Essence de crevettes*, 100 grammes de beurre, 1 décilitre de lait, 1 œuf entier, 30 grammes de farine, 200 grammes de mie de pain émiettée et tamisée.

Opération. — Préparer le beurre de crevettes et le diviser en 6 petites boules.

Nettoyer les merlans, en détacher les 6 filets, les essuyer, les passer dans le lait, ensuite dans la farine, dans l'œuf battu et dans la mie de pain; les rouler dans le sens de la longueur, le côté de la peau en dedans; mettre le bout aminci sur le bout épais, les enfiler dans 3 brochettes (2 par brochette) en leur donnant une jolie forme ronde sans trop les serrer, de façon à faciliter la cuisson; les mettre à la friture un peu chaude. 7 à 8 minutes suffisent pour les cuire et les dorer.

Les égoutter sur un linge, retirer les brochettes avec soin, dresser en couronne; mettre sur chaque filet, dans le petit puits du milieu, une petite boule de *beurre de crevettes*, garnir le tour du plat de persil frit et servir chaud.

Veau Marengo

Découpez le veau, assaisonnez-le de sel et poivre et faites-le revenir dans l'huile; lorsqu'il est bien coloré, enlevez les trois quarts de la graisse, saupoudrez d'un peu de farine, laissez pincer un peu et mouillez à moitié de la hauteur avec du bouillon. Ajoutez des échalotes et de l'ail haché, un bon bouquet garni et une demi-douzaine d'oignons moyens. Ajoutez encore quelques tomates entières épluchées et épépinées ou, à défaut, de la purée de tomates.

Ajoutez des champignons sautés au beurre et laissez cuire.

Dressez le plat, réduisez la sauce, mettez-la au point d'assaisonnement voulu, enlevez le bouquet garni, saucez le plat, garnissez-le d'œufs frits, de croûtons feuilletés ou frits au beurre. Saupoudrez-le de persil haché. Facultativement, on peut mettre autour quelques écrevisses cuites au court-bouillon, ce qui lui donne plus grande allure.

Entrecôte à la Moelle

Aussitôt l'entrecôte à la maison, arrosez-le d'huile d'olives et mettez-le au feu.

Ne laissez pas cuire l'entrecôte plus de 7 minutes de chaque côté pour 500 grammes de viande. Ne salez jamais avant de cuire. Ne piquez pas avec une fourchette ou un couteau : par les trous faits le jus sort. La viande doit être rosée et non violacée pour que la cuisson soit à point.

La moelle. — Mettez la veille 80 gr. de moelle dans l'eau froide que vous changez souvent, vous aurez ainsi une moelle blanche et fine.

Mettez-la au feu avec de l'eau abondante, légèrement salée et aiguisée de quelques gouttes de citron ou de vinaigre, faites-la bouillir très lentement, retirez-la du feu et tenez-la couverte un bon quart d'heure, elle sera cuite sans se fondre.

L'entrecôte étant sur le plat, salez et poivrez, posez la moelle sur la table, coupez des rondelles très minces, sans les déplacer, enlevez-la d'un bloc et posez sur l'entrecôte, arrosez d'un peu de citron et servez. Vous pouvez aussi arroser avec la Sauce bordelaise qui suit :

Formule. — 20 grammes d'échalote, 50 grammes de beurre, 1 cuillère à café d'*Essence d'anchois*, 1/2 décilitre de jus, 1 décilitre de vin rouge, un peu de persil, pas de sel à cause de l'anchois, un peu de poivre et de citron, un soupçon de laurier, 1/2 gousse d'ail.

Opération. — Faites réduire à moitié les deux liquides avec l'ail et le laurier, enlevez ceux-ci et ajoutez l'échalote ciselée très fin; dans 5 minutes, retirez du feu, mettez tout ce qu'il reste d'assaisonnement, agitez avec une cuillère de bois et versez sur la moelle et l'entrecôte.

Caramels au Chocolat

Proportions :

350 grammes sucre en morceaux;
150 grammes de glucose;
1 litre de lait ou ½ litre de crème doub.;
300 grammes de chocolat vanillé;
1 gousse de vanille.

Procédé. — Mettez le sucre et la glucose dans un poêlon et mouillez avec 1/4 de litre de lait. Faites bouillir et jetez la gousse de vanille dans le poêlon. Délayez le chocolat avec le lait restant et ajoutez par petites quantités aux caramels sur le feu, sans cesser de remuer.

Cuisez au petit boulé, retirez la gousse de vanille et versez sur le marbre huilé entre des règles. Laissez refroidir plusieurs heures. Découpez en carrés réguliers.

Agneau sauté fines herbes

Formule. — 1 kilo d'agneau, 1 décilitre de vin blanc, 1/4 de litre de bouillon ou d'eau, 1 aillet (ail nouveau de 5 gr.), 10 grammes d'échalote nouvelle, 2 grammes d'estragon (6 feuilles),

5 grammes de cerfeuil, 10 grammes de persil, 1 cuillerée à café de _Sauce française Al Rhon's_, 50 grammes de beurre, 5 grammes de sucre en poudre, 15 grammes de sel.

Opération. — Découpez l'agneau proprement, c'est-à-dire franchement, pour éviter l'éclat des os, faites les morceaux plutôt petits.

Mettez le beurre dans un sautoir, à la noisette, jetez aussitôt la moitié de l'agneau, tournez-le quelques minutes avec une cuillère en bois et ajoutez le reste. Ne remuez pas trop souvent, cela effrite la viande et l'empêche de glacer; dès qu'elle est bien roussie, égouttez la graisse complètement, saupoudrez avec le sucre et remuez une minute, mouillez avec le vin et activez un peu le feu. Le vin étant complètement réduit, mouillez avec le quart de litre d'eau chaude ou de bouillon, salez, faites mijoter un quart d'heure, mettez les fines herbes hachées, la _Sauce française_ et le jus de citron. Dans 5 minutes, vous pourrez servir. Il ne doit y avoir de sauce que pour humecter les morceaux d'agneau. Des assiettes chaudes sont de rigueur.

Gâteau Impérial
ou Fondant au Chocolat

PROPORTIONS :

    250 grammes de beurre frais;
    250 grammes de chocolat prem. qualité;
    200 grammes sucre semoule;
      4 œufs;
      1 cuillerée de farine.

Préparation. — Divisez le chocolat en morceaux, placez ceux-ci dans une casserole posée elle-même au bain-marie. Ajoutez un _tout petit peu d'eau ou de lait_. Laissez fondre doucement le chocolat en remuant avec une cuillère d'argent.

Lorsque le chocolat est complètement amolli, ajoutez le beurre, qui doit être de première qualité; tournez toujours afin que nul grumeau ne se forme.

Quand la pâte est bien liée, versez le sucre sans cesser de remuer.

Cassez les œufs dans un bol, battez-les _un peu_, comme pour une omelette. Joignez-y la cuillerée de farine, battez encore légèrement et passez au tamis.

Enlevez alors la préparation du bain-marie et mêlez-y les œufs passés avec précaution à cause de la chaleur.

Choisir un moule _uni_ un peu haut, prenez aussi un papier d'office, tapissez-en exactement les parois du moule puis beurrez-le très _également_ avec du beurre fondu.

Versez dedans l'appareil et faites cuire dans le four à feu doux, au bain-marie, pendant au moins 1 heure.

(On s'assure que la cuisson est terminée en enfonçant dans le gâteau une paille qu'il faut retirer sèche.)

Ce gâteau se fait la veille, car il faut le servir tout à fait froid ou encore le matin pour le soir.

On prépare au dernier moment une crème fouettée et, avec une douille, on entoure le gâteau (lequel sera démoulé sur une coupe en cristal) d'un cordon de tout petits choux. Sur chacun, on posera une violette pralinée.

Le dessus du gâteau sera décoré de moitiés de pistaches rangées en étoiles et, au milieu, une grosse violette pralinée.

Pudding au Cacao

Faire dissoudre 15 grammes de cacao dans 2 décilitres de lait bouillant, y ajouter alors 125 grammes de beurre, puis 125 grammes de farine et faire cuire cette pâte sur le feu comme une pâte à choux pendant 3 ou 4 minutes, puis y ajouter, hors du feu, 175 grammes de sucre en poudre et 5 jaunes d'œufs. Bien battre en neige très ferme 5 blancs d'œufs que l'on mélange délicatement à cet appareil que l'on verse ensuite dans un moule beurré et sucré et faire pocher au bain-marie et au four pendant 3 quarts d'heure. Démouler et servir chaud le pudding entouré d'une crème anglaise au chocolat.

Soufflé au Cacao

Pour 6 personnes, on fait dissoudre 20 grammes de cacao dans une tasse à café de lait, puis on le verse dans une casserole où on a délayé 25 grammes de beurre et 40 grammes de farine, on y ajoute 100 grammes de sucre, puis on donne un seul bouillon. On retire alors du feu, on y ajoute 4 jaunes d'œufs et 5 blancs en neige très ferme. Cuire dans une timbale droite beurrée et sucrée, à feu moyen et pendant 20 à 25 minutes.

Mousse Duchesse

Beurrer un moule à charlotte uni, y coller tout autour et dans le fond des petites langues de chat fines (environ un quart).

Faire chauffer au four dans un peu de crème (une cuillerée) 125 grammes de chocolat. Quand le chocolat est bien ramolli, on y ajoute, en plaçant la casserole au bain-marie, 125 grammes de bon beurre frais puis quatre cuillerées de sucre en poudre.

Retirer du feu et laisser un peu refroidir. Séparer avec soin les jaunes de 4 œufs. Battre *fortement* les blancs en neige. Incorporer un à un les jaunes dans le chocolat en tournant, puis les blancs.

Bien mélanger le tout et verser dans le moule. Recouvrir d'une couche de langues de chat. Mettre au frais ou dans la glace une heure avant de servir.

Pour démouler, tremper légèrement dans l'eau chaude et servir avec une crème à la vanille à part.

Pour orner, on colle sur le dessus et autour des petits champignons en meringue italienne. On saupoudre légèrement de chocolat râpé. Enfin, avec une douille cannelée on fait autour un cordon de crème au beurre chocolat.

Si l'on ne dispose pas de glace, il faut faire ce gâteau la veille.

Glace au Chocolat

PROPORTIONS :

 330 grammes de sucre en poudre ;
  7 jaunes d'œufs ;
  1 litre de lait ;
 200 grammes chocolat vanillé.

Procédé. — Délayez le chocolat avec le lait bouillant. Travaillez les jaunes d'œufs et le sucre dans une terrine et délayez avec le chocolat au lait. Mettez le tout dans la casserole et repassez-le sur le feu sans laisser bouillir, jusqu'à ce que l'appareil nappe bien la spatule. Passez à la passoire fine dans une terrine, laissez refroidir et sanglez dans une sorbetière américaine ou autre.

Garnissez le moule et sanglez-le bien en tassant la glace (pilée finement et salée) pendant 1 heure et demie.

Si la glace ne prenait pas, c'est que le moule ne serait pas bien serré dans le mélange de glace et de sel. La glace doit toujours être pilée finement et toutes les 20 minutes on resserre le sanglage en égouttant l'eau de la fonte et en ajoutant de la glace et du sel.

Epaule de Mouton à la d'Artagnan

Faites désosser et parer par votre boucher une épaule de mouton du poids que vous indiquerez. Dans une *cocotte* en fonte d'une grandeur appropriée faites-la revenir avec un morceau de beurre ou de très bonne graisse. Quand elle est bien dorée partout, retirez-la et faites un roux avec deux bonnes cuillerées de farine. Mouillez de moitié eau et moitié vin blanc (un quart d'eau

Epaule de mouton.

seulement si le vin n'est pas très fort) ajoutez sel, poivre, persil et ail. Remettez le morceau de viande, faites prendre l'ébullition, puis réglez le feu pour obtenir un petit bouillottement régulier. Ajoutez à moitié de la cuisson six ou huit pommes de terre de Hollande, plus même s'il y a besoin pour l'importance de votre plat. A moins que le

morceau soit très gros, il ne faut pas compter plus d'une heure et demie de cuisson pour arroser le plat au degré voulu, car le mouton ne doit pas être desséché.

Beignets de Fleurs d'Acacia

Éplucher des grappes de fleurs d'acacia, les saupoudrer de sucre et les arroser de fine champagne, de rhum ou de kirsch. Les laisser macérer pendant une demi-heure.

Au moment de servir, tremper les fleurs d'acacia dans une pâte à frire préparée ainsi qu'il est dit ci-dessous, les faire frire à grande friture très chaude, les égoutter, les saupoudrer de sucre et les dresser en buisson sur un plat recouvert d'une serviette.

Pâte à frire pour les beignets d'acacia. — Mélanger dans une terrine 125 grammes de farine tamisée, une pincée de sel, 1 cuillerée de beurre fondu, un demi-verre de bière, 1 décilitre d'eau et quelques gouttes de cognac.

Dès que ces ingrédients sont bien mélangés, laisser reposer la pâte pendant une heure ou deux. Au moment de l'employer, lui ajouter un blanc d'œuf battu en neige (cette pâte peut aussi être faite entièrement à l'eau; on peut également remplacer la bière par du vin blanc).

Flan au Riz à l'Abricot

Pour 6 personnes, prenez un cercle d'environ 20 centimètres de diamètre et foncez-le en rognures de feuilletage ou en feuilletage à huit tours. Laissez-le reposer pendant 20 minutes.

PROPORTIONS POUR LA GARNITURE DU FLAN :

>   125 grammes de riz ;
>   ½ litre de lait ;
>   50 grammes de beurre ;
>   1 pincée de sel, ½ gousse de vanille ;
>   12 abricots moyens ;
>   300 gr. de pâte feuilletée pour le fonçage.

Procédé. — Pochez les abricots dénoyautés et partagés en deux dans un sirop de 20 degrés. Blanchissez le riz à grande eau bouillante et cuisez-le dans une casserole moyenne avec le lait, le beurre, le sucre, la vanille et la petite pincée de sel.

Évitez une cuisson vive pour que le riz reste entier et ne s'écrase pas.

Si la cuisson a été bien menée, le riz devra être à sec quand le lait sera réduit.

Piquez le flan pour que la pâte ne boursoufle pas à la cuisson et garnissez-en le fond avec la moitié du riz refroidi. Rangez les abricots côte à côte sur ce riz et recouvrez-les avec le reste du riz cuit.

Cuisez à four moyen pendant trois quarts d'heure ; démoulez le flan en enlevant le cercle et dorez le tour avec un peu d'œuf battu. Poudrez-le au sucre glace, puis faites rougir la pelle du fourneau et présentez-la à un ou deux centimètres de la surface du flan pour en glacer le dessus d'un beau caramel roux pas trop foncé pour éviter l'amertume du sucre brûlé.

Remarque. — Quand on n'a pas d'abricots frais, on peut faire cet entremets avec des abricots conservés en compote, avec des oreillons d'abricots conservés au naturel et même en leur substituant une couche de marmelade d'abricots.

Truites

Prendre des truites *vivantes* de 125 à 170 grammes chacune, les ébarber, les ciseler, les vider, les assaisonner de sel et de poivre, les rouler dans la farine et les passer à la poêle contenant un peu de beurre fondu chaud mais non bouillant, cuire à petit feu en les arrosant souvent avec le beurre et les retourner à moitié de la cuisson qui doit être assez lente. Les truites étant cuites, les mettre sur un plat chaud, les arroser du beurre de cuisson, les saupoudrer de persil haché et les arroser de quelques gouttes de jus de citron.

Décorer le plat avec des tranches de citron cannelées et servir brûlant dans des assiettes chaudes.

Potage aux Tomates et aux Pommes de terre

De plus en plus la tomate est employée en cuisine, on en use de toutes façons et on sait trouver pour l'accommoder des apprêts qui en varient la présentation.

Dans quantité de potages on fait entrer la tomate, mais elle donne du goût sans constituer plus qu'un condiment en quelque sorte.

Ici, la tomate est l'élément principal. On peut faire cette soupe une grande partie de l'année, le mieux est de se servir de tomates fraîches, mais lorsqu'elles font défaut, les conserves peuvent les remplacer assez avantageusement.

On compte ordinairement un demi-kilog. de tomates pour un potage fournissant le service de six personnes.

On peut faire le potage avec tomates

et pommes de terre tout simplement, mais il est meilleur, à notre avis, si l'on ajoute des oignons et de plus des poireaux; toutefois, disons que ces derniers sont tout à fait facultatifs. C'est une question de goût, à chacun de faire le potage à sa convenance.

On pourra toujours retrancher sur les indications données; nous énonçons donc la recette tout du long.

Dans une casserole ou une cocotte, on commence par mettre un gros morceau de beurre ou de la bonne graisse, on y émince en petits dés un gros oignon ou deux oignons moyens; quand ils ont une belle couleur blonde, sans être roussis ni brunis, on ajoute les tomates coupées par morceaux dont on a enlevé soigneusement la peau ainsi que les parties abîmées vertes ou dures.

Il importe de ne pas ignorer que pour éplucher facilement et vivement les tomates, il suffit de les plonger une ½ minute dans l'eau bouillante, la peau s'enlève en un clin d'œil.

Lorsque les tomates ont été bien dépouillées de leur peau, il n'est pas nécessaire de passer le potage avant de le servir. De tout autre façon, quand les tomates ne sont qu'imparfaitement épluchées, il est fort désagréable de trouver des fragments de peau, il faut passer le potage.

Quand les oignons ont été dorés, on y joint les tomates; on laisse fondre à feu doux pour réduire en purée; alors on met les pommes de terre qui seront coupées en gros morceaux, on tourne sur le feu pendant quelques minutes.

Si l'on met des poireaux, ceux-ci sont mis à cuire dans le beurre après que les oignons y sont dorés et avant d'y mettre les tomates; les poireaux dont on a supprimé les parties de vert

qui seraient dures, sont coupés en morceaux de petite taille; on les fait étuver plutôt que cuire dans le beurre.

On ajoute de l'eau en quantité suffisante et on laisse cuire après avoir mis sel et poivre.

Gâteau Mousseline
aux Noisettes grillées

Ce qu'il faut se procurer, c'est tout d'abord des noisettes.

Les amandes, nous l'avons déjà dit, peuvent s'acheter aisément décortiquées, ce qui signifie débarrassées de leur coque; on en trouve chez les épiciers et dans les maisons se faisant une spécialité des fruits secs, tandis que des noisettes sans coque, on s'en procure plus difficilement. Mais cela importe peu, il suffit de se prémunir de noisettes ou avelines; on aura seulement la peine de les casser une par une, avec le casse-noisettes, c'est peu de chose.

Il faut 80 grammes de noisettes pesées lorsqu'elles ont été enlevées de leur coque, puis grillées et épluchées; il faut donc compter beaucoup plus que le poids net, mais il n'est guère possible de donner une indication précise, la qualité des noisettes, petites ou grosses, fait que le rendement est plus ou moins important, puis bien souvent il y en a des mauvaises, les unes sont vides, d'autres sèches ou véreuses, et il faut les rejeter.

Mais ce n'est pas une dépense perdue que d'acheter plus de noisettes qu'il n'en est besoin, car on les servira au dessert avec des figues et des raisins de Malaga.

Indépendamment des noisettes, il faut 125 grammes de sucre en poudre, cinq œufs moyens bien frais, puis 40 grammes de farine de gruau et autant de fécule de pommes de terre, ou si l'on préfère, 80 grammes de farine. En outre, on aura du beurre frais dont on en prendra 40 grammes.

Dans une terrine, on commence à mettre le sucre en poudre que l'on travaille avec les jaunes d'œufs. Si à la cuisine il y avait un blanc d'œuf à utiliser, on supprimerait un œuf entier, ce qui réduirait le compte à quatre jaunes et cinq blancs d'œufs.

On travaille le sucre avec les jaunes jusqu'à ce que le mélange blanchisse.

D'autre part, on s'est occupé de préparer les noisettes, elles ont été retirées des coquilles; puis, comme les noisettes ne se mondent pas ainsi que les amandes, on ne peut guère retirer la pellicule qui les recouvre qu'en les faisant griller au four. On les surveille pour qu'elles soient grillées mais non brûlées, ensuite la peau s'enlève. Il suffit alors de les réduire en poudre en les pilant au pilon ou au mortier, ou encore en utilisant le moulin spécial aux amandes.

Dans la terrine, avec le sucre et les jaunes d'œufs, on joint les noisettes grillées et pilées, puis la farine et la fécule. Le tout est bien travaillé pour obtenir une pâte fine et lisse.

Les cinq blancs d'œufs auront été battus en neige bien ferme, on les ajoutera à la pâte, mais à partir de ce moment, il ne faut plus travailler la pâte que légèrement pour ne pas la faire retomber.

Le beurre aura été mis à fondre dans une toute petite casserole; ce beurre doit être seulement fondu, plutôt pas tout à fait liquide que trop chauffé; on le met dans la pâte et on mélange sans travailler. La pâte est faite.

On beurre une tourtière ou un moule plat de grandeur appropriée et on y verse la composition. Il faut trois quarts d'heure de cuisson à four doux et régulier.

Quand la pâte a été mise dans le moule, il est mieux de saupoudrer le gâteau avec des noisettes grillées et concassées. A cet effet, on en aura préparé en même temps une plus grande quantité; 20 à 25 grammes pour semer dessus, voilà qui est suffisant.

Si l'on aime la pâtisserie fort sucrée, on mêlera un peu de sucre en poudre aux noisettes dont on recouvre la surface.

Petits Gâteaux Nantais

C'est une recette d'une réussite très aisée : la pâte, la cuisson, tout en un mot ne présente aucune difficulté d'exécution.

Toujours il est essentiel d'avoir de bons produits, on ne saurait trop le répéter, l'économie est bien minime qui consiste à ne pas prendre la toute première qualité et combien les déboires qui peuvent en résulter sont désagréables.

Donc, ayons de la bonne farine de gruau, du beurre fin bien frais. Du beurre quelque peu avancé, bien que c'eût été du beurre fin, ne saurait convenir; s'il est fort, on peut le garder pour cuisiner, mais seulement lorsqu'il doit être chauffé et cuit, autrement le goût fort se retrouverait et on gâterait ainsi un plat.

Pour la pâte, il faut 500 grammes de farine, 250 grammes de sucre en poudre ou sucre semoule, 125 grammes de beurre frais, 125 grammes aussi d'amandes douces sans coques, puis 4 œufs de moyenne grosseur, on y ajoute un peu d'écorce de citron râpé et si l'on veut quelque peu d'eau-de-vie ou d'alcoolat d'orange, voire même une petite quantité de rhum ou de kirsch.

Dans une terrine ou sur la planche à pâtisserie, on dispose la farine en fontaine, au milieu on met le sucre, le beurre — un peu ramolli en hiver — puis les amandes qui ont été mondées et pilées ; on casse également les œufs au milieu, puis on pétrit la pâte après l'avoir mélangée doucement pour commencer. On obtient une pâte un peu ferme que l'on abaisse au rouleau de l'épaisseur d'un demi-centimètre.

Avec un coupe-pâte cannelé, un emporte-pièce, un moule quelconque, voire même un verre ou une timbale de dimensions voulues, on découpe des petits gâteaux. Les gâteaux de forme ovale sont très bien, si on a un coupe-pâte ainsi disposé on les taillera ainsi de préférence.

Sur le dessus des petites galettes on met une pâte composée d'amandes hachées, de sucre en poudre et de blanc d'œuf dont on étend seulement une mince couche à la surface, ensuite on saupoudre le dessus de sucre en poudre.

On aura beurré des plaques ou des tourtières sur lesquelles on doit disposer les petits gâteaux et on fait cuire à four doux pour que le dessus devienne d'une belle couleur dorée.

Haricots blancs

Les haricots blancs nouveaux, au moment où on les a à l'état frais, constituent un bon légume de saison ; certes,

ils ne diffèrent pas complètement des haricots secs que l'on consomme en hiver, et néanmoins ils leur sont bien supérieurs à plus d'un point de vue.

Comme pour tous les légumes du reste, la fraîcheur est une des premières qualités à rechercher, aussi serait-il préférable d'acheter des haricots en gousses que l'on écosserait soi-même, on serait ainsi plus sûr de leur qualité.

Ce qui vaut encore mieux, c'est d'avoir des haricots fraîchement cueillis et venant d'être écossés. On les trie et on les visite avec soin pour s'assurer qu'il n'y a rien de mauvais après les grains, puis on les lave une ou deux fois à grande eau.

Ensuite on les fait cuire à l'eau bouillante, c'est-à-dire que dans un récipient de grandeur voulue, une grande casserole, une marmite, un faitout, on aura mis de l'eau à chauffer, et lorsque cette eau commence à bouillir, qu'il se produit les premiers bouillons, on jette les haricots dedans, on fait bouillir puis on règle le feu pour que la cuisson se continue doucement et régulièrement.

On ajoute un bouquet de persil si l'on veut, et on ne sale qu'à moitié de la cuisson. Il faut mettre moins de sel pour les haricots écossés que pour cuire les haricots verts.

L'eau de cuisson des haricots en grains, de quelque sorte qu'ils soient : haricots de Soissons, flageolets blancs, flageolets verts chevriers, etc., peut toujours être réservée pour les soupes.

Le bouillon des haricots blancs sert à faire une bonne soupe à l'oignon qui est presque comparable comme goût à du bouillon de pot-au-feu. Ce jus de cuisson s'emploie du reste utilement dans presque toutes les soupes aux légumes qu'il sert à bonifier.

Pour les haricots flageolets verts, la cuisson se fait de même à l'eau bouillante salée, mais avec cette différence qu'il faut les cuire à feu vif et sans les couvrir pour qu'ils restent verts; le temps de cuisson est plutôt plus long que pour les gros haricots de Soissons.

Toujours les haricots doivent être tendres, mais ils ne s'écraseront pas, ce qui en ferait une bouillie.

Haricots blancs au jus

Les haricots étant cuits à l'eau salée, on les égoutte dans une passoire tandis que dans une casserole on fait chauffer de la bonne graisse, on y met une pincée de farine pour faire un petit roux blond; on mouille avec quelques cuillerées de bouillon et on ajoute les haricots; on sale, on poivre et on fait sauter quelques minutes, pour joindre un peu de bon jus de viande au dernier moment, ceci afin que les haricots ne prennent pas un goût trop fort.

On verse dans le plat ou dans le légumier pour saupoudrer les haricots de persil haché.

Lorsque les haricots sont d'une sorte farineuse, ou qu'étant grandement cuits ils sont un peu défaits en purée, il vaut mieux supprimer la farine. Dans ce cas, on met les haricots dans la graisse chaude, on les saute quelques instants pour mouiller avec du jus de cuisson.

Les haricots peuvent également être assaisonnés avec de l'oignon. Dans une casserole, on fait chauffer de la graisse, on y coupe un oignon en tout petits carrés, on laisse frire jusqu'à ce qu'il soit doré, on met ou non de la farin puis les haricots cuits comme précédemment sont ajoutés avec du jus et on sert avec du persil haché. On a salé et poivré selon le goût.

Lorsqu'on sert les haricots, ils ne doivent pas être secs, non plus que de baigner dans une longue sauce, on ajoute du jus ou on fait réduire pour servir à point.

Haricots blancs à la Maître d'hôtel

Lorsque les haricots sont cuits à l'eau, il suffit de les mettre à égoutter promptement afin qu'ils n'aient pas le temps de refroidir; puis, dans une casserole, on met les haricots avec du beurre frais manié de persil, on sale, on poivre, on fait sauter un moment jusqu'à ce que le beurre soit à peine fondu, de manière à obtenir une sauce onctueuse.

On peut ajouter au moment de servir un filet de vinaigre ou un jus de citron. Quelques personnes mettent de la ciboule hachée avec le persil, ce n'est pas de notre goût! quelques-uns l'aiment.

Haricots panachés

Si aux haricots blancs ou aux flageolets chevriers on mêle des haricots verts en gousses, on a des haricots panachés. Les uns et les autres s'assaisonnent de même à toutes les sauces. Il est préférable de les cuire séparément à l'eau, car le temps de cuisson nécessaire n'est pas toujours le même.

Entrecôte aux Champignons

L'entrecôte est le morceau qui fait suite au faux-filet ou contre-filet; on peut, tout comme celui-ci, en faire des beefsteacks, mais si la viande en est bonne, il faut lui reprocher d'être trop grasse. Du reste, si on n'aime pas la graisse, ce morceau n'est guère profitant.

Il faut un morceau épais de 3 à 4 centimètres de haut, ou même 5 centimètres, ce n'en est que meilleur, car la

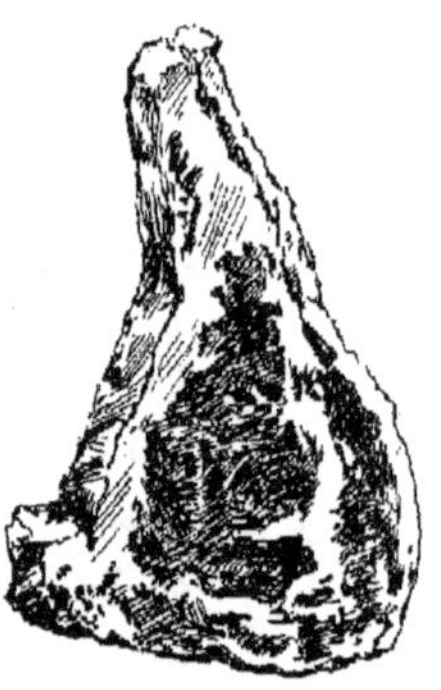

Entrecôte.

viande devant cuire longtemps, un fort morceau convient mieux qu'une tranche mince.

Par le boucher, on fera retirer le superflu de graisse qui entoure le morceau, ainsi que les parties dures et les nerfs, puis on le ficèlera pour qu'il conserve une bonne forme.

Il faut trois ou quatre heures de cuisson. On commencera donc la mise en marche de la cuisson en temps voulu.

Dans une casserole de grandeur appropriée, on fait fondre un morceau de beurre gros comme un petit œuf ou de la bonne graisse blanche; lorsque la graisse est bien chaude, on y met à revenir le morceau de viande, et quand il a pris une belle couleur des deux côtés, on le retire sur un plateau ou une assiette.

Dans la même casserole, on met une cuillerée de farine, on la laisse roussir en surveillant de près pour obtenir un beau roux brun, mais pas trop foncé. Dès que la couleur voulue est atteinte, on mouille avec un peu d'eau chaude en délayant bien afin de ne pas avoir de grumeaux.

La sauce est bonifiée si on y ajoute un petit verre d'eau-de-vie ou un verre de vin blanc. Mais ce qui est encore bien meilleur, c'est de mettre deux cuillerées à bouche de vin de Madère, la sauce est excellente et la viande y acquiert un parfum très savoureux.

Comme assaisonnement, on ajoute du sel fin, du poivre en poudre, sans oublier un bouquet garni : persil, thym et laurier.

On remet l'entrecôte dans la sauce où il devra cuire à feu lent et continu pendant trois ou quatre heures.

Si on aime les oignons, on en ajoute. Ce sont des petits oignons qu'il faut prendre; en hiver, on pourra les faire revenir avec la viande, car alors les oignons ne sont pas très tendres. Mais au moment où l'on a des oignons blancs nouveaux, ceux-ci fondraient complètement, on ne les retrouverait même plus; on ne les met donc que plus tard, trois quarts d'heure ou une heure avant de servir, c'est suffisant.

Vers la fin de la cuisson, soit dix minutes ou un quart d'heure avant qu'on ne serve, on ajoute des champignons. Les petits champignons qu'on laisse entiers sont à préférer en dés, si on devait en prendre des moyens ou dés gros, il faudrait les couper en deux ou

Lorsque la rhubarbe est bien cuite, les morceaux ont fondu et on ne les retrouve plus, c'est une sorte de marmelade. Vers le milieu de la cuisson, on aura ajouté du sucre en morceaux (sucre cassé à la main ou débris de mécanique qu'il est pratique d'avoir en réserve pour la préparation de certains entremets, car il coûte 5 centimes de moins par kilo que le sucre mécanique.)

Nous ne fixerons pas la quantité de sucre nécessaire, car cela dépend des goûts, on peut vouloir très sucré ou l'on préfère conserver une petite acidité. En tout cas, il faut beaucoup de sucre. On parfume avec de l'écorce de citron ou un morceau de vanille.

Comme moyenne, on compte pour 500 grammes de rhubarbe épluchée, 250 grammes de sucre et le zeste d'un demi-citron. Il faut au moins une demi-heure de cuisson à feu vif et continu pour que l'eau de végétation s'évapore complètement.

La compote de rhubarbe se sert telle, chaude ou froide. Autrement, on peut ajouter un peu de beurre, de la cannelle, et servir chaud comme entremets sucré.

Pois Mange-tout

Il est plutôt bizarre de constater que dans la presque totalité des livres et manuels de cuisine on ne fait aucune mention des « pois mange-tout ». C'est cependant un légume qui mérite de prendre une petite place dans les menus de famille.

Tenant à la fois des pois et un peu aussi des haricots, les pois mange-tout font un très bon entremets de légumes que l'on sert volontiers au déjeuner, et cela d'autant mieux qu'on n'en mange que pendant assez peu de temps. Grâce aux conserves et aussi aux primeurs, on sert toute l'année des petits pois et des haricots; pour les pois mange-tout, il en est différemment : ce n'est qu'en été, au moment de la production, qu'on en consomme.

Les pois mange-tout seront frais cueillis et bien verts. Il ne faut pas les avoir trop gros, car si on a alors à l'intérieur de jolis pois qui sont fort bons, on risque aussi d'avoir sous la cosse comestible une pellicule dure, comme celle qui forme parchemin, aux pois dont on ne mange pas la cosse.

On choisira donc des pois mange-tout de bonne qualité. L'appellation en elle-même suffit à indiquer ce que c'est : un pois où tout se mange, la cosse et l'intérieur, comme les haricots verts et, mieux encore, comme les haricots mange-tout.

Faut-il dire que, parfois, on les dénomme pois gourmands?

Ces pois doivent se manger un peu croquants, sans être résistants comme la plupart des légumes verts. Lorsqu'ils sont trop cuits, ils diminuent beaucoup de volume, ne sont pas profitants et aussi ne sont pas aussi succulents que quand ils sont juste cuits à point.

En passant, notons un autre légume qui a assez d'analogie avec celui dont nous nous occupons : c'est le haricot mange-tout. Ici, les gousses, quoique très grosses et bien charnues, n'ont pas de fils et sont en général très tendres; il est préférable de le consommer lorsque le grain commence à se former, on a des haricots mange-tout verts qui sont très ronds, d'autres blancs qui prennent le nom de haricots-beurre.

Pois Mange-tout au naturel

On épluche les pois mange-tout comme on épluche des haricots, en cassant les deux bouts et en enlevant les fils. Ensuite, on les lave à plusieurs reprises et on les égoutte pour les mettre à cuire.

Pour les faire au naturel, on met dans une casserole un fort morceau de beurre ou de la bonne graisse, on y fait dorer un oignon coupé en petits carrés; quand il est de belle couleur, on y ajoute les pois, on les tourne un peu dans la graisse, puis on joint un petit verre d'eau chaude, on couvre et on laisse cuire après avoir mis sel, poivre et un bouquet de persil.

On laisse cuire tout doucement en surveillant la cuisson. S'il n'y avait pas assez de jus, on remettrait un peu d'eau; au cas contraire, on ferait réduire.

Il est très bon d'ajouter des petites pommes de terre que l'on choisira régulières et qui devront rester entières. On les met sur le dessus une grande demi-heure avant de servir, en saupoudrant de sel. A partir du moment où l'on a mis les pommes de terre, il ne faut pas remuer le légume, car elles durciraient.

Blanquette de Veau

En général, pour faire une blanquette, on prend de la poitrine de veau; la petite poitrine, le flanchet, les tendrons conviennent aussi très bien. Tous ces morceaux ne sont pas ce que l'on appelle des morceaux de choix, mais ce sont justement ceux qu'il convient de prendre en l'occasion. De la noix, non

plus que de la rouelle, ni même de l'épaule ne donneraient pas un aussi bon résultat : il ne faut pas une viande sèche, c'est pourquoi la poitrine répond on ne peut mieux à ce qui est nécessaire.

Néanmoins, on ne devra pas prendre de la poitrine trop grasse, car si la sauce pourrait être fort bonne, il y aurait bien peu à manger.

L'absolue fraîcheur est toujours de rigueur, il est à peine besoin de le spécifier à nouveau; surtout en été, étant donné que le veau est une viande qui tourne très vite, il importe qu'il ne laisse aucunement à désirer lorsqu'on l'achète.

Pour 6 personnes, il faut un minimum de 1 kilo de poitrine de veau, 2 livres et demie ne constitueraient pas un trop gros plat. Si l'on ne veut pas avoir la poitrine détaillée en morceaux lorsqu'on fait livrer la viande chez soi, il faut tout au moins recommander au boucher de donner des coups sur les os, c'est ce qui permet de diviser soi-même en morceaux de petites dimensions.

La véritable blanquette doit être blanche, très blanche même. Aussi, pour y parvenir, a-t-on recours à divers procédés : on peut faire blanchir un moment les morceaux à l'eau bouillante, en continuant l'ébullition quelques moments, ou bien, les morceaux étant coupés, on les met dans un récipient quelconque pour verser dessus de l'eau bouillante salée on couvre pour laisser le tout pendant 20 minutes. Ensuite, on les fait égoutter et les morceaux sont prêts pour faire la blanquette.

Plus simplement, on met les mor

ceaux coupés dans une terrine et celle-ci est laissée sous le petit filet continu qui doit couler du robinet pendant quelques heures.

Nombre de cuisinières font ensuite cuire le veau coupé en morceaux dans l'eau salée jusqu'à complète cuisson. La sauce est alors faite à part en utilisant le jus de cuisson.

Mais si, ainsi, on obtient une viande bien blanche, c'est aux dépens de la finesse, elle est lavée !

Nous préférons procéder comme suit : Dans une casserole de grandeur appropriée, on fait fondre, mais non brunir, un morceau de beurre ou de la bonne graisse blanche, on y met les morceaux de veau qui devront être raidis, sans prendre couleur ou presque. On les retire pour mettre une cuillerée de farine, on laisse chauffer et cuire un peu, mais sans colorer, car on ne saurait trop le répéter, tous les efforts doivent tendre à obtenir une sauce *blanche*. Alors, on verse peu à peu, en tournant, la valeur de deux verres d'eau bouillante, en remuant avec la cuillère de bois, ou mieux avec le petit fouet. On ajoute du sel, du poivre blanc, un peu de muscade râpée, un bouquet garni. On remet les morceaux de viande et on laisse cuire à feu doux et continu pendant 2 heures au moins. Après 1 heure de cuisson, on ajoute des petits oignons et, si l'on veut, des champignons, ce qui contribue à bonifier la sauce.

On reconnaît que la viande est cuite lorsque, en la piquant avec la fourchette ou, mieux, avec une aiguille à brider, elle peut être traversée sans résistance.

Au moment de servir, on fait une liaison à la sauce en utilisant 1 ou 2 jaunes d'œufs délayés dans un bol avec le quart d'un jus de citron ou un filet de vinaigre, on travaille le tout quelque peu avant de joindre doucement une cuillerée de sauce, puis une seconde et même une troisième; alors, on renverse la liaison dans la casserole en tournant et cette sauce est liée et raffinée en même temps. On goûte pour rectifier l'assaisonnement si besoin est.

On dresse les morceaux dans un plat rond ou creux en les disposant en hauteur, au milieu; autour, on range les oignons et les champignons, s'il y en a, on bat à nouveau la sauce avant de la verser sur la viande.

Nous avons vu ajouter du persil haché pour saupoudrer le dessus du plat, mais tel n'est pas notre goût. On a fait une sauce qui doit être blanche et rester ainsi; inutile de la dénaturer par l'addition de persil.

Le plat doit être chauffé, tout comme les assiettes, car les mets peuvent figer sur les assiettes, et c'est fort désagréable; il faut y remédier en chauffant tout ce qui est nécessaire au service.

Avec un reste de rôti de veau, on prépare également une excellente blanquette. Il ne faut pas plus d'une demi-heure pour la faire si on a de l'eau bouillante à sa disposition. On coupe la viande de desserte en tranches pas trop minces et on les met à réchauffer doucement dans la sauce. En ce cas, il faut, si l'on veut joindre des oignons, les mettre de suite, afin qu'ils aient le temps de cuire, ce qui nécessite au moins une demi-heure. Il en est de même pour les champignons qui ne doivent pas rester fermes.

Potage velouté au Cresson

Le cresson de fontaine, « la santé du corps », est connu d'une manière à peu près générale, mais si volontiers on l'emploie pour accompagner des pièces de volaille, des morceaux de viande, ou si on le sert en salade, on sait moins qu'il peut composer un légume vert, sain et rafraîchissant.

On en fait, d'une manière très expéditive, un potage simple dont nous allons indiquer la recette.

Il faudra choisir une très belle botte de cresson bien vert. Si les bottes étaient petites, il faudrait en prendre deux.

On commencera par éplucher le cresson, mais, ici on peut conserver la majeure partie des queues et ne supprimer absolument que ce qui est mauvais, outre les filaments blancs. Laver le cresson à plusieurs eaux puis l'égoutter et le hacher grossièrement.

Dans une casserole émaillée ou autre, mais pas dans du fer, on aura mis à bouillir un litre et demi d'eau. On y joint le cresson haché non sans oublier une petite poignée de sel. On fait reprendre l'ébullition, et après cinq minutes de cuisson on ajoute du tapioca à raison d'une demi-cuillerée à bouche par personne.

Après une demi-heure de cuisson, on peut dresser le potage dans la soupière. On mettra un fort morceau de beurre et deux jaunes d'œufs. On travaille quelque peu les jaunes avec un grain de sel fin avant de commencer à verser peu à peu le bouillon de cuisson du cresson.

Si on aime le goût du cerfeuil, on joindra en servant quelques pluches de cerfeuil ou encore une petite poignée finement hachée. On goûte pour l'assaisonnement et on sert bien chaud. Il es inutile d'ajouter du pain, le tapioca a dû fournir un potage suffisamment épais et lié.

Nouilles au Fromage

Certes, on trouve dans le commerce, lorsqu'on prend de bonnes qualités, des nouilles qui ne sont point mauvaises, on en a même d'excellentes; mais celles que l'on prépare chez soi sont encore meilleures.

Ici, il n'y a point de question d'économie, car en employant de la bonne farine, de bons œufs, sans compter le temps passé, il n'y a guère de différence sensible quant au prix de revient.

Lorsqu'on fait, à la maison, la pâte à nouilles, on est sûr de ce que l'on a et aussi l'on sait que ces nouilles n'ont pas été exposées à la poussière.

Pour réussir vite et bien les nouilles, il faut un certain tour de main qui s'acquiert, du reste, assez promptement avec un peu d'habitude; nous expliquerons donc tout au long la façon de faire la pâte et de la détailler; l'expérience aidant, on verra que c'est ensuite peu de chose.

Il est à recommander de s'y prendre quelque peu à l'avance, afin de pouvoir laisser aux feuilles de pâte le temps de sécher. On fera donc la pâte la veille pour le lendemain ou le matin pour le soir, si possible.

La pâte. — Pour la pâte, on aura 300 grammes de bonne farine de gruau et 3 gros œufs, sans oublier 1 verre d'eau et une pincée de sel fin.

Ces données ne sont énoncées ici qu'à titre d'indications; disons bien qu'à l'occasion elles n'ont rien de fixe.

On fait de la fort bonne pâte à nouilles en changeant les proportions et même les éléments.

Ainsi les nouilles sont plus fines, paraît-il, mais surtout plus belles et plus jaunes en utilisant seulement des jaunes d'œufs; pour la quantité de farine, il faudrait de 7 à 8 jaunes. Ou encore on mettra 2 œufs entiers et, de plus, 3 ou 4 jaunes.

Selon les apprêts culinaires que l'on prévoit et pour ne rien perdre, on mettra donc des œufs entiers complétés par des jaunes ou des jaunes seuls si l'on peut utiliser avantageusement une certaine quantité de blancs.

Toujours, la préparation de la pâte et la façon de la détailler sont faites de manières identiques.

Sur la planche à pâtisserie, sur la table ou dans une terrine on met la farine, disposée en fontaine, on ajoutera au milieu le sel, un peu d'eau pour le fondre et on y cassera les œufs. On y joindra de l'eau en quantité suffisante pour obtenir une pâte bien ferme.

Pour la quantité d'eau nécessaire, il est impossible d'établir une proportion fixe, la farine peut boire plus ou moins de liquide, c'est-à-dire qu'elle peut absorber plus ou moins d'œufs ou d'eau. Si donc la pâte paraissait trop molle, on ajouterait un peu de farine; trop dure, ce serait un peu plus d'eau, ou, si l'eau est déjà entrée en suffisante quantité, 1 jaune d'œuf, voire même 1 œuf entier serait remis. Ceci bien entendu, est fait lors du mélange ou de la détrempe de la pâte, mais avant de la pétrir.

On ne saurait trop insister sur ce point qu'il faut obtenir une pâte très ferme, dure même, tout en étant fine et lisse.

La farine mise en fontaine avec les œufs et l'eau, il convient de commencer par opérer le mélange avec les trois doigts de la main droite. Peu à peu, on ramène la farine au milieu et on amalgame le tout ensemble.

Lorsque le tout est réuni, on commence à pétrir la pâte avec les deux mains, cela jusqu'à ce que l'on ait obtenu une belle pâte bien lisse, mais il ne faut pas la travailler plus qu'il n'en est besoin, car on lui ferait acquérir une élasticité plutôt nuisible.

Cette pâte étant réunie en une boule parfaite, ne présentant ni trous, ni plis d'aucune sorte, on la dépose dans une terrine où, bien couverte, on la laissera reposer pendant au moins 1 heure. Faite 3 ou 4 heures à l'avance, la pâte n'en sera que meilleure.

Quand la pâte est bien reposée, on partage le bloc en quatre parties égales. Chacune des portions est roulée en boule, mais sans travailler à nouveau la pâte.

Sur la planche à pâtisserie, sur le marbre ou sur une nappe *ad hoc*, on aplatit la pâte avec le rouleau en retournant de temps en temps cette feuille de pâte; ceci se fait aisément en enroulant ou plutôt en retournant à demi l'abaisse de pâte autour du rouleau, pour relever le rouleau recouvert de pâte et rejeter vivement la feuille de pâte sur la table. Naturellement, afin que la pâte ne colle pas, il sera utile de saupoudrer de la farine, mais cela très modérément.

Il faut qu'en allongeant ainsi la pâte elle ne se casse pas, et l'on devra obtenir des feuilles aussi minces que possible, comme une fine feuille de papier, soit 1 millimètre environ.

Ensuite, les feuilles sont mises à

sécher avant de les couper. On les étendra, tout comme du linge, sur une corde préalablement garnie d'un torchon blanc, sur le dos d'une chaise, c'est bien aussi. La pâte ainsi étendue ressemble à un morceau de peau de buffle.

Si l'on est pressé, les feuilles de pâte sécheront seulement une demi-heure ou trois quarts d'heure à la température de la cuisine, ou plus si on en a le temps, mais sans attendre que les feuilles, étant trop sèches, ne se cassent en les râclant.

Pour les détailler, on roule chaque feuille, comme on le ferait d'un rouleau de musique, par exemple, et il suffit alors, avec un couteau bien tranchant, de couper sur ce rouleau des filets qui auront 3 ou 4 millimètres si l'on veut des nouilles ordinaires, plus rapprochées si ce sont des nouilles fines que l'on veut obtenir.

Afin de développer les nouilles qui sont en rubans, il faut soulever la pâte coupée avec le bout des doigts. Si on ne les fait cuire de suite, on les étalera sur une grille ou une volette.

Les vermicelles se font exactement de même façon, mais les feuilles sont coupées en très fines lamelles, comme des fétus de paille; on les brise quelque peu avant de les faire cuire.

Cuisson des nouilles. — Les nouilles seront mises à cuire à l'eau bouillante salée.

Selon qu'on les préfère moelleuses ou fermes, on opère différemment : pour les obtenir moelleuses, on les fait partir à feu vif, et quand l'ébullition s'est maintenue pendant 5 minutes, on les couvre et les retire sur le coin du feu ou à feu doux pour les laisser pocher pendant 20 à 30 minutes.

Pour les avoir fermes, comme à la manière italienne, on laisse cuire les nouilles de 12 à 15 minutes pour ensuite les égoutter et les assaisonner.

En tous cas, après la cuisson, on se trouve bien, lorsqu'elles ont été bien égouttées, de les mettre dans une casserole, sur un feu doux, pour les faire sécher, et qu'il ne subsiste plus trace de l'eau de cuisson; on ajoute le beurre divisé en morceaux en remuant avec soin pour que le mélange se fasse bien intimement; il n'est pas mauvais que quelques parties dorent quelque peu.

La véritable façon alsacienne consiste à faire un peu de grosse chapelure blanche avec de la mie de pain rassis; cette chapelure est mise à frire dans du beurre et, au moment de servir, on verse sur les nouilles la chapelure dorée et le beurre bien mousseux.

Pour l'assaisonnement des nouilles, on ajoute volontiers un peu de muscade râpée. Certaines personnes en mettent même dans la pâte.

Soufflé au Fromage

Le soufflé au fromage se fera également bien avec de la crème de riz, de la farine, voire même de la fécule. Toutefois, à notre avis, mieux vaut prendre de la crème de riz ou, à défaut, de la bonne farine de gruau.

Pour trois grosses cuillerées de farine, on aura 1 demi-litre de lait, 125 grammes de fromage de gruyère et 6 œufs.

En premier lieu, on commence par délayer la farine ou la crème de riz avec le lait froid _cru_. Inutile, sans doute, de recommander de verser tout d'abord le lait doucement et peu à peu pour ne pas faire de grumeaux; quand la farine est bien délayée, on peut, sans inconvénient, verser le reste du lait.

Le mélange aura été fait dans une casserole de dimension appropriée et on la mettra sur un feu doux après avoir ajouté le fromage de gruyère râpé.

Pour ce fromage, le mieux est la râpe spéciale qu'ont tous les détaillants; avec la râpe ordinaire des ménages, le résultat n'est pas le même.

Toujours, la bouillie étant sur le feu, il faut la surveiller de près, la remuer sans cesse pour qu'elle n'attache pas au fond de la casserole. On a préalablement mis un peu de sel fin et de poivre blanc.

Lorsque le mélange a épaissi, on retire la casserole du feu et on le laisse quelque peu refroidir avant de le travailler avec les jaunes d'œufs.

Un par un, on casse les œufs pour réserver les blancs, tandis que les jaunes sont ajoutés à la pâte. Les blancs seront battus en neige très ferme, au moment de les employer seulement, et il faut calculer exactement l'instant où le soufflé devra être servi, car il ne doit pas attendre.

On compte 20 minutes de cuisson à four modérément chaud, et cependant pas trop doux, afin que la neige ne retombe pas. C'est aussi pour que les œufs ne retombent pas qu'il faut incorporer la neige très légèrement.

On cuit dans un plat creux ou dans une timbale en argent que l'on a à l'avance un peu beurré. On ne le remplit qu'à moitié. Dès que le soufflé est bien monté, on l'envoie à table, dans l'ustensile où il a cuit, naturellement.

Gâteau au Beurre

La recette que nous donnons ici est celle d'un bon gâteau qui présente le grand avantage d'être d'une exécution facile et rapide. Il se conserve fort bien quelques jours dans une boîte en ferblanc.

Ce qu'il faut : de la farine, du beurre, du sucre et un bel œuf, sans oublier un arome ou un parfum quelconque : de l'eau de fleurs d'oranger, par exemple.

Nous commencerons par peser 125 grammes de sucre en poudre et nous prendrons égal poids de beurre frais, soit un quart. C'est le poids total de ces deux éléments qui est employé en farine, soit 250 grammes (demi-livre).

On travaille tout d'abord le beurre et le sucre et l'on ajoute peu à peu la farine; on casse l'œuf, on le joint dans la terrine contenant la pâte et après, avoir amalgamé le tout avec le restant de farine, on doit avoir obtenu une jolie pâte molle.

Il est sans doute superflu de dire que pendant la saison rigoureuse, le beurre, étant dur, ne pourrait se travailler; il faut le ramollir en mettant la terrine qui le contient non loin du feu ou sur le coin du fourneau.

La pâte a dû être parfumée avec de l'eau de fleurs d'oranger, à moins que l'on ne préfère y mettre un autre arome : un peu d'alcoolat d'oranges, une cuillerée de rhum, etc.

La pâte étant étendue légèrement pour avoir une épaisseur de 2 centimètres environ, on la met dans une tourtière préalablement beurrée. On fait cuire à feu assez vif dessus, feu doux dessous, pendant 15 à 20 minutes.

Ce gâteau doit avoir une belle coloration dorée, mais il ne faut pas qu'il soit saisi brusquement pour être brun sur le dessus.

On le retire de suite de la tourtière pour le laisser refroidir sur une volette ou, mieux encore, sur une grille. *On le mange froid* : frais ou rassis.

Beignets de Pommes

Les beignets de pommes constituent un bon entremets de famille que l'on peut faire pendant une grande partie de l'année — quand on a des pommes, naturellement.

Ce sont, en général, les beignets les plus estimés, bien qu'avec la même pâte on fasse également des beignets de pêches, abricots et autres fruits.

La préparation est exactement la même : on coupe les abricots et les pêches en deux, après avoir enlevé la peau à ces dernières; il faut employer des fruits peu mûrs et encore fermes.

De même pour les pommes, il ne faut pas s'imaginer que l'on puisse utiliser des fruits plus ou moins avancés, les tranches ne pourraient rester entières et les beignets ne seraient pas ce qu'ils doivent être. Il faut choisir des pommes mûres, mais sans excès, et bien saines.

Il faut prendre une bonne sorte de pommes, des reinettes de préférence; on les aura choisies de moyenne grosseur et régulières autant que possible.

On commence par ôter le cœur et les pépins à l'aide du vide-pommes; pour cela, on enfonce l'ustensile en tournant jusqu'à la moitié de la pomme, on le retire et on l'enfonce de l'autre côté et bien en face, en prenant tous les soins voulus, afin de ne pas faire éclater la pomme. C'est également pour éviter que les pommes ne se fendent que nous indiquons de les vider avant de les éplucher; la pelure retient le fruit, tandis que la pulpe est beaucoup plus fragile lorsqu'elle est à nu.

On pèle les pommes en tournant pour les couper ensuite en tranches ou rondelles d'un demi-centimètre d'épaisseur environ : avec une pomme de moyenne grosseur, on fera à peu près six beignets; les deux ronds des extrémités sont moins larges et, sans doute, un peu plus épais forcément.

Les tranches sont réunies dans une assiette creuse, dans un plat ou dans un petit saladier, on les saupoudre amplement de sucre en poudre (sucre glacé, si on en a) et on les arrose d'alcool : rhum, cognac, eau-de-vie, ce que l'on veut. On les couvre d'une assiette et on les laisse mariner ainsi pendant au moins 1 heure.

Quand il y a eu beaucoup d'alcool, mieux vaut retirer les pommes un peu à l'avance pour les faire égoutter avant de les plonger dans la pâte.

La pâte à beignets. — Dans presque toutes les recettes traitant de la pâte à frire pour beignets, on y trouve à employer tout d'abord les jaunes d'œufs à la confection de la pâte, tandis que les blancs, réservés, sont ensuite battus en neige et mélangés à la pâte.

Notre système n'est point semblable : sous prétexte d'alléger la pâte à frire en y adjoignant des blancs d'œufs en neige, on en fait une pâte spongieuse se remplissant trop facilement de graisse et se ramollissant à la cuisson. La pâte à beignets doit être croustillante et fondante à la fois.

On obtiendra un bon résultat en exécutant avec soin la recette suivante :

Mettre dans une terrine ou un saladier 250 à 300 grammes de bonne farine, former un creux au milieu où l'on ajoute une petite pincée de sel blanc (environ 10 grammes), une forte cuillerée à soupe d'huile blanche ou d'huile d'olives, deux cuillerées d'eau-de-vie, de rhum, cognac, etc. A l'aide d'une cuillère de bois, on délaie le tout en y versant peu à peu de l'eau légèrement tiédie ; la bière, lorsqu'on en a à sa disposition, est fort bien, si ce n'est mieux, pour détremper la pâte à laquelle elle donne incontestablement une certaine légèreté.

L'eau tiède, néanmoins, donne une bonne réussite ; il ne faut pas employer de lait pour délayer cette pâte, il rendrait la pâte trop lourde.

Ajouter alors un par un deux beaux œufs (le blanc et le jaune) en continuant à travailler la composition pour obtenir une pâte lisse et coulante, ni trop claire, ni trop épaisse et, cependant, ayant assez de corps pour qu'elle masque la cuillère et qu'il puisse rester une couche de pâte d'une certaine épaisseur autour des fruits qu'on y plongera.

Il n'est guère possible de fixer exactement la quantité de liquide (eau ou bière) que l'on doit utiliser, étant donné que, selon leur nature, des farines, même à qualités équivalantes, absorbent plus ou moins l'eau.

Approximativement, nous dirons qu'il faut au moins un grand verre d'eau ou de bière. Si la pâte était trop épaisse étant achevée, on ajouterait un peu d'eau tiède ou encore un œuf, surtout si ceux employés n'étaient pas bien gros.

Parfois, on ajoute une cuillerée de sucre en poudre ; ce n'est pas indispensable, étant donné que les beignets se servent saupoudrés de sucre.

Toujours la pâte doit être faite à l'avance afin de pouvoir la laisser reposer. En reposant 1 heure, ce peut être suffisant, mais il n'est pas mauvais de la laisser reposer beaucoup plus longtemps : 5 à 6 heures, si on le peut, dans un endroit tempéré ou même chaud — 20 degrés environ. Faite la veille, elle est fort bonne le lendemain, devenant même plus légère. Il n'y a donc pas à craindre d'en faire une trop grande quantité, elle pourra être utilisée non seulement pour des beignets de fruits, voire aussi pour faire des crêpes, mais encore pour enrober des poissons, des légumes : artichauts, céleris, salsifis, etc.

La cuisson des beignets. — On commence par égoutter les tranches de pommes, puis on les trempe dans la pâte.

La friture (huile ou graisse) a été mise dans une grande poêle ou dans la bassine à friture ; quand elle est bien chaude, on y plonge les tranches de pommes enduites de pâte.

La friture doit être chaude, mais sans excès, sans quoi les beignets bruniraient et la pâte serait trop colorée avant que les pommes ne soient cuites ; il faut, pour la même raison, qu'on fasse cuire sur un feu qui ne soit pas trop ardent.

Il ne faut mettre dans la friture que six ou sept beignets à la fois et bien surveiller le feu ; sur un feu modéré, les beignets gonflent, prennent une belle coloration, ils acquièrent une jolie couleur jaune appétissante. On les retourne quand ils ont été dorés d'un côté, et lorsque la cuisson est achevée, on les retire avec une écumoire pour les bien égoutter avant de les dresser sur un plat ou un compotier ; immédiatement, on les saupoudre de sucre glacé et on les sert aussi chauds que possible.

On peut encore les exposer au feu très vif pour les glacer ou les glacer avec la pelle rouge.

En les dressant sur une serviette, la graisse qui aurait pu subsister est absorbée et c'est mieux. Les beignets se mangent chauds, mais ils sont néanmoins bons froids le lendemain, s'il en reste.

Panade au Lait

Encore un mets d'une préparation très simple, si simple même qu'il puisse sembler superflu d'en vouloir annoncer la recette.

Mais justement il nous paraît d'autant plus intéressant d'expliquer tout au long comment doit être faite une panade que, trop souvent, on ne prend pas la peine de bien la soigner.

Ici, on trouve l'utilisation de pain rassis, dont on tire de cette façon un fort bon parti.

Il n'est guère facile de fixer exactement la quantité de pain que l'on prendra; toutefois, nous pouvons dire qu'un demi-kilo de pain rassis fournira une bonne soupière pour six à huit convives. Pour une livre de pain, il faut compter à peu près deux litres et demi à trois litres d'eau.

Quelques personnes jugent la panade meilleure lorsqu'elle a été faite avec de la mie de pain, d'autres, au contraire, ne veulent employer que de la croûte. Certaines recettes diront de couper le pain en tranches minces, d'autres recommanderont de le briser à la main, d'aucunes spécifieront qu'il faut du pain tendre.

A notre avis, on fait d'excellentes panades avec du pain de desserte (pain de fantaisie ou pain ordinaire de ménage, peu importe). Point n'est besoin qu'il soit frais, puisque, justement, nous y voyons la facilité de faire un bon emploi de pain que l'on aurait eu en trop.

Pour que la panade soit bonne, il faut en soigner la préparation et la cuisson, voilà les points importants.

Il ne faut pas couper le pain au couteau, mais le briser ou le rompre en petits morceaux. On le mettra dans une casserole suffisamment grande pour qu'il puisse baigner abondamment, on ajoute de suite un peu de sel.

Le mieux est de couvrir la casserole et de laisser tremper le pain pendant au moins une demi-heure; ce temps n'est point perdu, attendu que la panade exigera ensuite un moins long temps de cuisson.

La panade a tendance à attacher au fond de la casserole, c'est pour cette raison qu'il faut avoir soin de choisir un ustensile à fond épais : une casserole en cuivre étamé ou un petit pot de terre sont très bien; toujours il faut qu'il soit relativement grand, car en cuisant l'eau s'échappe facilement.

Lorsque le pain est trempé, on met la casserole non couverte sur le feu. Dès que l'ébullition est déclarée, on couvre la panade et on laisse cuire très doucement pendant au moins une demi-heure. *Jamais* il ne faut remuer la panade pendant qu'elle cuit.

Quelques minutes avant de servir, on ajoute un bon morceau de beurre frais, on travaille alors la panade énergiquement avec une cuillère de bois ou, mieux, le fouet en fil de fer, pour obtenir une sorte de purée épaisse et bien lisse. Le pain est devenu transparent et le potage, quoique bien lié ne ressemble pas à une pâte. A ce moment, on éclaircit avec du lait bouillant environ un demi-litre à trois quarts de litre pour les quantités données. Il n'est pas bon de faire cuire le lait avec le pain, c'est au moment de servir qu'on l'y ajoute.

Certaines personnes mettent une pincée de poivre blanc, d'autres y veulent du sucre en poudre, d'autres encore aiment la panade passée à la passoire. On ne peut pas discuter les goûts.

Mais ce qui est toujours bon et plus raffiné, c'est l'adjonction de jaunes d'œufs, voire même de deux œufs entiers que l'on bat au fond de la soupière avant d'y verser la panade bouillante.

Pour les jeunes enfants, la panade se fait de même façon; volontiers on y ajoute un peu de sucre en poudre, et il vaut mieux la passer afin que le bébé n'y trouve pas le plus petit morceau.

Pommes au Beurre sur Canapés

Cet entremets, d'une exécution très facile, se sert volontiers au dessert.

Il faut choisir des pommes bien saines, petites ou moyennes, régulières autant que possible. Les reinettes sont les meilleures, mais on peut prendre toute autre espèce de bonne qualité.

On pèle les pommes en les laissant entières, puis on les vide à l'aide du vide-pommes, petit tuyau en fer-blanc dont le bord est arrondi pour ne pas blesser la main qu'on appuie dessus quand on fait entrer l'instrument dans la pomme. Le cœur du fruit reste dans

le tuyau et les pépins sont ainsi supprimés.

On beurre le fond d'une tourtière ou d'un plat allant au feu et on y place les pommes. Il faut avoir soin de choisir un plat où les pommes tiennent juste, autrement elles s'étaleraient à la cuisson et la présentation ne serait pas belle.

On range les pommes dans le plat beurré et on emplit le vide de chacune d'elles avec du sucre en poudre; au-dessus, on met un morceau de beurre fin bien frais.

De suite, on mettra au four de chaleur moyenne. A défaut de four, on peut faire cuire sur un feu doux en mettant dessus le four de campagne ou un couvercle garni de charbon de bois allumé. Il faut environ trente à quarante minutes pour que les pommes soient cuites.

On aura préparé des tranches de mie de pain rassis taillées à la grandeur des pommes. Vers le milieu de la cuisson de celles-ci, on les fait frire dans du bon beurre, et lorsqu'elles sont de belle couleur dorée des deux côtés, on soulève soigneusement les pommes pour mettre un croûton en dessous de chacune d'elles. Ce serait un raffinement de saupoudrer de sucre les croûtons de pain aussitôt qu'ils sont frits. On enfourne à nouveau pour achever de cuire les pommes sur les canapés. A ce moment, on remet dans le vide résultant de l'enlèvement du cœur de la pomme du sucre en poudre et du beurre.

On sert les pommes toutes chaudes sur les croûtons ; on peut mettre au centre de chaque pomme un peu de confiture : de la gelée de groseilles, de la marmelade d'abricots sont à choisir de préférence.

Choux aux Pommes de Terre

Les choux sont légumes de toutes saisons, mais c'est incontestablement en hiver qu'ils sont le meilleur et les plus appréciés. C'est un bon plat de ménage qu'il vaut mieux servir au déjeuner, tous les estomacs ne les supportent pas le soir.

D'une façon générale, disons que pour être bons et d'une digestion facile, les choux doivent être blanchis et bien blanchis. C'est une cuisson à l'eau suffisante qui leur enlève leurs mauvais principes.

Lorsque les choux sont bien accommodés, on ne craint pas d'en faire un peu plus qu'il n'est besoin, car ils sont bons réchauffés.

Il existe différentes espèces de choux; selon la saison, on choisira telle ou telle sorte. Les choux milans frisés sont incontestablement préférables pour la plupart des apprêts, mais on n'en peut avoir toute l'année; au printemps, on n'a que le chou plat, de genre cœur de bœuf et il faut s'en contenter.

Quand on doit prendre des choux à feuilles lisses, il faut compter sur un plus long temps de cuisson que pour les choux frisés.

Les vrais choux Milan sont les meilleurs, mais ils sont moins gros que les autres sortes. Les gros choux frisés ont parfois l'inconvénient de sentir le musc, on remédie à ces ennuis en enlevant le cœur.

Pour faire le légume que nous indiquons ici, nous conseillons de prendre des choux Milan frisés, il y a beaucoup de feuilles vertes et ce n'en est que meilleur. Si l'on prend de gros choux frisés, il ne faut pas supprimer toutes les feuilles vertes, mais, bien au contraire, conserver celles qui sont tendres, on enlève les plus foncées; à d'autres même on retire la côte pour utiliser la la feuille elle-même. Un légume fait exclusivement avec des cœurs ne serait pas bon; les feuilles vert clair, on ne saurait trop le répéter, sont les meilleures.

Toujours, il faut éplucher minutieusement les choux, on enlève les feuilles inutiles, on retire les grosses côtes et on supprime les trognons; il faut bien visiter les choux avec soin; il n'est pas rare de trouver dans les replis des feuilles des vers ou des chenilles; les endroits qui ont été en partie mangés par les bêtes et où celles-ci ont laissé trace de leur passage seront enlevés, il est à peine besoin de le dire. Éplucher et laver avec beaucoup de soin, voilà qui est nécessaire pour tous les légumes et surtout pour les choux.

Étant lavés à plusieurs eaux, on les fera blanchir à grande eau, on sale avec de gros sel et on laisse bouillir à grands bouillons. Il faut au moins 1 heure et demie de cuisson active et continue, les choux doivent céder sous le doigt, puis on les retire de l'eau pour les mettre à égoutter dans la passoire. Ensuite, avec l'écumoire, on les coupe quelque peu, ceci pour ne pas laisser subsister les feuilles entières, mais il est inutile de les hacher à notre avis.

Les seuls choux que nous hachons véritablement sont les choux de brocolis : les brocolis sont ces choux verts frisés que l'on vend par branches ou par paquets au commencement du printemps; les vrais brocolis sont excellents, mais il faut se méfier car, trop souvent, on vend sous ce nom des feuilles qui ne sont que des repousses de choux mis en paquets.

D'autre part, on prépare des pommes de terre, environ 1 kilo pour un gros chou, voilà qui est grandement suffisant. Après les avoir épluchées et lavées, on les coupe en deux si elles sont de moyenne grosseur, ou en quatre, en longueur, pour faire des quartiers. Des petites pommes de terre nouvelles seront laissées entières.

Dans une cocotte en fonte ou dans une casserole en cuivre étamé (pas d'ustensile émaillé), on fait fondre une forte cuillerée de bonne graisse épurée. On y coupe un gros oignon en petits carrés, on le laisse cuire dans la graisse et dorer avant d'y ajouter les pommes de terre, celles-ci sont aussi tournées un peu dans la graisse jusqu'à ce qu'elles prennent couleur, mais sans griller, on assaisonne de sel et poivre puis l'on met dessus une partie des choux. Avant d'ajouter le reste des choux, on remettra de la graisse, du jus, ce que l'on aura, et sur le dessus de la casserole on pourra mettre encore graisse et jus.

On couvre la casserole et on laisse cuire au moins trois quarts d'heure à feu moyen et continu.

Il faut surveiller pour que le légume ne brûle pas, mais on ne doit pas remuer pendant la cuisson. Du reste, ceci est une règle, chaque fois que des pommes de terre cuisent dans du jus, elles ne seront pas remuées sous peine de les durcir.

Seulement, lorsque les pommes de terre sont bien cuites, que la fourchette peut y entrer facilement, on remuera le tout, ce qui permet au jus et aux assaisonnements de mieux se mélanger.

Quand on a un morceau de viande grasse qui serait difficilement utili-sable, il est fort bien de le mettre dans un plat de choux.

Si les choux sont bons réchauffés, les pommes de terre qui les accompagnent doivent être mangées fraîches.

Sur les choux, on sert volontiers des saucisses ou des cervelas cuits dans le légume lui-même.

Il faut servir très chaud avec assiettes chaudes.

Foie de Veau au Vin Rouge

Ainsi accommodé, le foie est très bon, variant l'apprêt du foie que l'on sert si fréquemment sauté.

De plus, cet apprêt permet l'utilisation d'une desserte de bœuf que l'on ne sait trop souvent comment présenter pour qu'il fasse bonne figure.

Ici, nous indiquons du foie de veau; à la rigueur, on pourrait prendre du foie de génisse; du reste, il n'est pas rare que ce soit du foie de génisse que les détaillants peu scrupuleux donnent comme foie de veau.

Les foies de chevreau ou d'agneau sont aussi très bons accommodés de la façon que nous indiquons ici.

Lorsque l'on a une quantité de bœuf bouilli insuffisante pour le service, il est très bien de lui adjoindre du foie ; nous indiquerons donc une quantité approximative de foie, étant donné que ce sera comme complément du bœuf lui-même.

Toujours le foie doit être coupé en tranches minces, mieux vaut le faire détailler par le boucher ou le tripier. Les tranches prises dans le milieu et qui ont toute la largeur seront partagées pour ne pas conserver plus que la moitié de la grandeur de la main.

Le beau foie de veau doit être épais et de couleur blonde. Ne jamais prendre du foie dont la teinte serait noirâtre ou seulement foncée.

Les tranches de foie sont mises à dorer dans une poêle où l'on a fait fondre un morceau de beurre ou de la bonne graisse. Étant rangées les unes à côté des autres, les tranches de foie sont surveillées de près afin de les laisser seulement prendre couleur; dès qu'elles sont dorées, sans être rissolées d'un côté, on les retourne; et aussitôt que le second côté est doré de même, on les retire pour les mettre sur un plat ou une assiette qui sera tenue au chaud. Le feu doit être vif, sans cela, les tranches cuiraient et durciraient, ce qui ne doit pas se produire. Si l'on voit perler des gouttelettes de sang blond, il faut se hâter de retirer le foie. A ce moment, il faut saler et poivrer légèrement les morceaux, ne pas saler au moment de les faire sauter, car le sang sortirait, ce qu'il faut éviter.

Dans la poêle où l'on a fait sauter le foie, on a laissé la graisse; on met alors une cuillerée de farine, on laisse cuire un moment jusqu'à ce que la farine se colore pour obtenir un roux brun. Puis on mouille avec de l'eau chaude ou mieux du bouillon, on ajoute environ un verre de vin rouge et on fait prendre l'ébullition pour ensuite régler à petit feu. On aura salé et poivré, on met un petit morceau de feuille de laurier, un fragment de branche de thym, un soupçon de muscade râpée, environ une cuillerée de persil haché avec une échalote. On laisse cuire pendant un petit quart d'heure environ.

Au moins 10 minutes avant de servir, on ajoute les tranches de bœuf qui devront baigner dans la sauce pour s'y bien réchauffer. Quelques instants seulement avant de dresser le plat, on joint les tranches de foie qui ont été mises au chaud.

On goute pour vérifier l'assaisonnement, on joint un filet de vinaigre ou un jus de citron et, si l'on veut, quelques cornichons au vinaigre coupés en rondelles minces.

On dresse les tranches en couronne sur un plat en alternant celles de foie et celles de bœuf, et la sauce est versée dessus.

Crème Liquide au Chocolat

Pour 1 litre de lait, on compte 125 grammes de sucre, environ 125 grammes de bon chocolat, soit trois grosses tablettes de six ou sept à la demi-livre, 5 jaunes d'œufs et 1 œuf entier.

En premier lieu, on casse le chocolat en petits morceaux et on le fait fondre dans une petite casserole avec très peu d'eau; lorsqu'il est bien réduit en pâte, on ajoute le lait préalablement mis à bouillir, on remue avec une cuillère de bois, en commençant à verser le lait doucement pour que le mélange s'opère bien. On retire du feu, lorsque ce chocolat au lait a cuit au moins cinq ou dix minutes, et on laisse refroidir.

D'autre part, dans une terrine bien propre ou dans un saladier, on casse les œufs ou, pour mieux dire, on a cassé un par un les œufs dans un bol et quand on s'est assuré de leur bonne fraîcheur, on met les jaunes dans le saladier, tandis que les blancs sont réservés pour quelque autre emploi.

Avec les jaunes d'œufs, on ajoute le sucre en poudre et on travaille le tout usqu'à ce que le mélange devienne blanc et bien mousseux. La crème est ainsi fort délicate, mais on peut également la bien réussir, et de façon plus rapide, si l'on met tout simplement du sucre en morceaux à fondre dans le lait.

Dans ce cas, on se contente de battre les œufs pendant quelques instants. Toujours on ajoute un soupçon de sel fin, ce qui a pour effet de faire disparaître le goût des œufs, parfois assez marqué pour ne pas être agréable.

Les œufs étant battus, on y verse peu à peu le lait, ou plutôt le chocolat au lait, qui doit être seulement tiède. On passe le mélange au tamis ou à la passoire pour le remettre dans la casserole; celle-ci est posée sur un feu doux (le coin du fourneau mieux que le gaz), et l'on remue constamment avec une mouvette en bois pour que la crème s'attache pas au fond. On ne laisse pas un instant sans surveillance, surtout vers le moment où l'ébullition pourrait se produire. C'est à cet instant précis qu'il faut retirer la casserole du feu. On reconnaît facilement que la crème est à son point de cuisson quand, en soulevant la cuillère, il se forme autour une couche assez épaisse. Mais la crème ne *doit pas bouillir*, il se formerait des grumeaux; elle serait tournée.

Cette crème se mange froide, ou mieux glacée, avec des biscuits à la cuillère, biscuits de Savoie ou gaufrettes.

Gâteau aux Anis et aux Amandes

Pour faire ce gâteau, il faut tout d'abord se prémunir d'anis verts que l'on achète chez le pharmacien ou chez l'herboriste, il faut aussi des amandes douces sans coques. On aura encore de la chapelure blanche bien fine, de la fécule de pommes de terre et quelques clous de girofle, sans oublier du sucre et des œufs.

Dans le pilon, en fonte ou en marbre, on commence par piler 3 clous de girofle. Il faut les piler en premier lieu et seuls, pour être très sûr de bien les réduire en poudre : il est bon d'avoir l'arome du clou de girofle, mais il serait fort désagréable d'en trouver des morceaux sous la dent. On joint alors les anis verts, environ 15 grammes, et on les pile bien, mais il est inutile de les obtenir en poudre fine, un fragment de grain d'anis peut rester sans inconvénient. On pilera également les amandes (25 grammes), ceci compté sans coques.

Dans la terrine à pâtisserie, on met : clous de girofle, anis et amandes pilées; on y joint 125 grammes de sucre en poudre ou sucre semoule, puis on ajoute un soupçon de sel blanc, une pincée de cannelle, un peu de zeste de citron râpé, puis une cuillerée à bouche d'eau-de-vie. Tous ces ingrédients sont mis au milieu du sucre; on y joint encore une grosse cuillerée d'huile d'olive et la moitié d'une cuillerée de fécule.

On commence à casser les œufs un par un, en réservant les blancs, qui seront ensuite battus en neige. Petit à petit, on y joint la chapelure et on en compte une cuillerée à bouche pour deux œufs. Pour les quantités indiquées il faut 6 œufs, soit trois cuillerées de chapelure.

On mélange bien le tout pour obtenir une sorte de pâte : celle-ci est alors assez épaisse, elle devient légère et mousseuse lorsqu'on y ajoute la neige qui a été montée avec les blancs d'œufs.

Dans un moule ou dans une tourtière un peu élevée, on a mis un papier huilé que l'on recouvre de chapelure ; on y verse la pâte qui ne doit arriver que jusqu'à moitié environ, car le gâteau lèvera en cuisant. Il faut une chaleur douce.

Quand le gâteau est cuit, on le retire du moule en laissant le papier autour.

Ce gâteau est bon rassis, avec le café au lait, le chocolat ou le thé.

Soupe à l'Oignon et au Fromage

La soupe à l'oignon peut, sans conteste, être rangée dans la liste des mets d'une préparation fort simple. Rien de plus facile à faire. Mais comme justement ce sont en général les choses simples que l'on connaît peu, il n'est pas superflu d'en donner l'explication tout au long. En outre, il est bon de ne pas ignorer que la confection de la soupe à l'oignon est aussi rapide que facile; en toute hâte, on peut la faire vite et bien, ce qui est parfois appréciable lors d'un moment de presse.

PROPORTIONS POUR 6 PERSONNES :

1 litre et demi d'eau environ;
2 très gros oignons ou 3 oignons moyens (200 gr. environ);
1 grosse cuillerée de farine;
60 grammes de beurre;
125 grammes de fromage de gruyère.

Les proportions que nous donnons n'ont pour but que de servir d'indications, ici, il n'est nullement nécessaire d'observer à la lettre les quantités; on peut faire un bon potage à l'oignon en mettant plus ou moins d'oignon, selon qu'on l'aime ou non. Certaines personnes ne pouvant le digérer, ni

même tolérer d'en trouver un morceau sous la dent, on juge bon de passer le bouillon en le versant sur le pain.

Pour le fromage, il en est de même; d'aucuns l'apprécient, d'autres veulent le bannir : on peut en mettre beaucoup ou peu. Au gruyère râpé, on peut substituer du parmesan également râpé ou mieux mélanger les deux. Le gruyère seul se mêle moins bien au bouillon.

On prend une casserole en cuivre étamé ou une cocotte en fonte, où l'on met le beurre. Dès qu'elle a été mise sur le feu, le beurre commence à fondre, aussitôt qu'il est fondu et sans le laisser noircir ni prendre couleur, on ajoute les oignons.

Ces oignons auront été épluchés puis coupés en petits carrés; au lieu d'émincer en carrés, on peut (et c'est peut être préférable) couper les oignons en tranches très minces. Pour le faire aisément, le mieux est de procéder ainsi qu'il suit : on coupe l'oignon par le milieu puis, en posant le côté plat sur la planche à hacher ou sur la table bien propre, on tient la moitié de l'oignon avec les doigts de la main gauche, tandis qu'avec le couteau dirigé par la main droite, on détaille l'oignon en lamelles très minces.

L'oignon doit blondir dans le beurre, mais non brunir, il se colorera tout doucement sur un feu doux; avec une cuillère de bois, on tournera et retournera sans cesse ou très souvent, en sorte que ces oignons soient uniformément blonds.

On ajoute à ce moment la farine et, toujours sur un feu doux, on laisse cuire la farine dans le beurre avec l'oignon. On sait que toujours la farine qui cuit doucement dans le beurre avant d'être mouillée est plus digestible.

Quand la farine répand une bonne odeur et commence à prendre couleur, on mouille avec de l'eau chaude.

Pour délayer la farine et éviter les grumeaux, - - faut-il le redire? — on met l'eau peu à peu et sans arrêter de remuer avec la cuillère de bois. On fait bien de ne joindre à nouveau de l'eau que lorsque l'ébullition a repris. Mieux vaut de l'eau bouillante.

Inutile de dire qu'il faut saler et poivrer comme il convient, mais lorsque l'on doit ajouter du fromage, il importe d'en tenir compte : le fromage est lui-même salé.

On laisse bouillir la soupe pendant au moins un quart d'heure. La soupe à l'oignon, comme toutes celles qui contiennent de la farine, du reste, monte et s'en va vite dans le feu ; il faut s'en méfier et régler la cuisson afin de n'avoir pas à déplorer cet ennui, de plus, c'est la meilleure partie du potage qui s'échappe ainsi.

On verse la soupe dans la soupière où l'on a taillé du pain en tranches minces ; on met de préférence de la croûte colorée et peu de mie, ou, mieux encore de la flute bien cuite. Si tous les convives ne sont pas amateurs de fromage, on passe en même temps une assiette de fromage de gruyère râpé.

Mais la véritable soupe à l'oignon se sert ainsi qu'il suit : on a râpé du fromage de gruyère dont on a mis une partie au fond de la soupière, puis on met un lit de pain coupé mince, de nouveau, une couche de fromage sur le pain et ainsi de suite. La soupe est versée bouillante et on peut apporter de suite sur la table.

Toutefois, lorsque l'on dispose d'un bon four, la soupe à l'oignon sera bien meilleure si, au lieu de la dresser sim-plement dans la soupière, on la verse dans un poêlon ou autre ustensile en terre, faïence, porcelaine, pouvant supporter l'action du feu.

On alterne, comme nous l'avons indiqué, les tranches de pain avec les fromages de gruyère et de parmesan râpés, on verse de même le potage bouillant et on met un petit moment au four. La soupe à l'oignon se gratine et, tout en prenant un plus bel aspect, elle gagne aussi en saveur.

Avant de verser le bouillon dans la soupière, on peut, pour rendre le potage plus recherché, ajouter deux verres de crème fraîche bouillante. N'a-t-on pas de crème sous la main, une bonne liaison se composera de 1 ou 2 jaunes d'œufs délayés dans une cuillerée de lait.

A la soupe à l'oignon, on peut joindre du lait, au maximum dans la proportion de moitié lait et moitié eau, le goût en est tout à fait modifié.

La soupe à l'oignon sans fromage, à laquelle on ajoute du jus de cuisson de haricots blancs, pois, lentilles, constitue un fort bon potage.

Au moment de servir, on peut mettre un morceau de beurre frais.

Épaule de Mouton à la Casserole

Cuite à la casserole, l'épaule de mouton est un bon plat de famille. Trop souvent elle est dure lorsqu'on la fait rôtir, et c'est ce qui incite à la présenter autrement ; l'épaule de mouton braisée ou cuite dans son jus que l'on accompagne d'une garniture quelconque, prend le nom de la garniture qui la complète.

Nous voulons indiquer ici tout simplement la préparation et la cuisson de l'épaule de mouton à la casserole.

Mieux vaut prendre l'épaule entière, c'est plus avantageux et on utilise fort bien ce qui reste de desserte, soit qu'on le fasse réchauffer dans le jus, soit qu'on l'emploie pour faire un ragoût.

L'épaule sera tout d'abord désossée, mais on laisse adhérent la moitié de l'os du cubitus qui devra former un manche, ceci si l'épaule doit être ficelée en longueur pour lui donner vaguement la forme d'un gigot. Lorsque l'épaule de mouton est ficelée en rond, il faut pouvoir la rouler; on supprime tous les os.

Avant de rouler, et de ficeler la viande, on assaisonne l'intérieur de sel et de poivre, puis quand elle est en bonne forme, il faut la piquer à l'ail. On prend une ou deux gousses d'ail; selon que l'on aime plus ou moins cet assaisonnement, on en met en plus grande quantité, mais, en tous cas, il faut toujours qu'il y en ait quelque peu; à la rigueur, l'ail sera dans la sauce, si l'on ne veut pas en trouver dans la viande en la mangeant.

Pour piquer à l'ail, on détaille les gousses en filets minces et avec un couteau d'office bien pointu, on fait une ouverture dans les chairs, là où on introduira le filet d'ail; on l'enfonce autant que possible. Il n'est pas mauvais de piquer le mouton à l'ail quelques heures à l'avance.

Dans une casserole de grandeur appropriée (de forme daubière, de préférence, si l'épaule est roulée en long), on met de la bonne graisse ou du beurre. Dès que la graisse est bien chaude, on y place l'épaule de mouton que l'on fait revenir jusqu'à ce qu'elle ait pris une belle couleur de tous côtés. Vers les trois quarts de la coloration, on y joint des petits oignons ou des oignons moyens qui doreront en même temps; il faut prendre garde qu'ils ne roussissent pas. On ajoute aussi les os qui donneront du jus alors même qu'ils seraient tout à fait dégarnis.

Après avoir mouillé avec de l'eau bouillante, on joint un bouquet garni : persil, thym et laurier en petites quantités. On couvre la casserole et on laisse cuire doucement et régulièrement. Ordinairement, on compte 2 heures ou 2 heures et demie pour avoir une viande tendre, mais si une viande ferme est désagréable, il faut savoir aussi qu'une viande trop cuite n'est pas bonne et ne fait aucun profit.

On surveille la cuisson pour ajouter un peu d'eau bouillante si on voyait que le jus ait tari, et il faut se méfier, car le morceau a pu rendre de la graisse en cuisant.

La cuisson terminée, on égoutte la viande, on la déficelle puis on la dresse sur un plat de service qui a été chauffé.

On met le mouton au chaud tandis qu'on dégraisse la sauce. Il faut que l'on obtienne un jus suffisamment copieux, sans trop; s'il en est besoin, on fera réduire la sauce au dernier moment, à moins qu'au contraire il ne soit nécessaire de l'allonger en déglaçant le fond de la casserole avec un peu d'eau chaude.

La sauce est envoyée dans une saucière. On a retiré le bouquet, cela est superflu de le dire, et si on n'aime pas à trouver des oignons, on passe le jus au travers d'une fine passoire. Il n'y a rien de fixé sur ce point, car certaines personnes veulent, au contraire, trouver les oignons dans la sauce.

Toujours il faut, pour ce service, avoir des assiettes bien chaudes; le mouton est le plus souvent gras et pour le manger bon, il est indispensable de l'avoir chaud.

Crème renversée au Café

Tout en étant très facile à faire, la crème renversée constitue un entremets d'un fort bel aspect qui peut être servi aussi bien pour les repas quelque peu cérémonieux que dans l'intimité. C'est un entremets simple par sa composition même : du lait, des œufs, du sucre en sont les éléments principaux; on y joint un parfum quelconque, et c'est tout.

PROPORTIONS POUR 6 PERSONNES :

- 1 litre de lait;
- 5 gros œufs ou 6 petits;
- 250 grammes de sucre;
- 50 grammes de café en grains ou moulu.

Pour faire la crème au café, il faut s'occuper en premier lieu de préparer une infusion de café. Ce doit être en quelque sorte de l'extrait de café, une infusion très forte plutôt, que l'on prépare soi-même en employant du bon café bien parfumé et surtout une très petite quantité d'eau; il faut aromatiser la crème, mais il est complètement inutile de la diluer avec de l'eau, et ce serait de l'eau que l'on ajouterait avec du café insuffisamment fort.

D'autre part, on commence à faire bouillir le lait en le remuant de temps en temps avec une cuillère en argent ou une spatule et en appuyant sur le fond de la casserole pour que la partie solide du lait n'adhère pas à la casserole; cette partie caséeuse est pour beaucoup dans la succulence de la crème, il ne faut donc pas la perdre en la laissant attacher au fond de la casserole.

Quand le lait a bouilli, que l'on est sûr qu'il ne tournera pas, on ajoute le sucre, 125 grammes. Sucre en morceaux qui fondra doucement dans le lait chaud, ou sucre semoule; mais en tous cas il faut avoir du sucre en poudre pour le caramel.

On retire ensuite le lait du feu pour le laisser refroidir. Mieux vaut qu'il soit seulement tiède lorsqu'on le mêlera avec les œufs; il n'y a aucun inconvénient à employer du lait froid, mais, avec du lait chaud, ce pourrait avoir pour effet de saisir les œufs, et il s'en suivrait la non réussite de la crème, si l'on n'est pas très habile pour faire le mélange.

Avec le lait, on ajoute le café à l'eau très fort.

Dans un saladier ou tout autre ustensile suffisamment grand pour contenir toute la crème, on mettra les cinq ou six œufs en prenant la précaution de les casser un par un dans un bol, afin de s'assurer de leur bonne fraîcheur avant de les réunir. Souvent. il peut y en avoir un de gâté ou même de douteux ce qui gâterait le tout.

Avec le fouet en fil de fer ou tout bonnement avec une fourchette en argent, on bat les œufs pour que les blancs et les jaunes soient bien mêlés, deux ou trois minutes, et c'est fait. On verse alors peu à peu le lait en battant toujours. On transvase le mélange dans la casserole où était le lait, et il suffit ensuite de le passer au travers d'une fine passoire ou d'un tamis fin.

La crème elle-même est prête; si on voulait la faire cuire telle quelle, il aurait fallu augmenter la quantité de sucre, en mettre jusqu'à 200 grammes. Mais le caramel que l'on ajoute pour faire garniture autour de l'entremets a pour effet de le sucrer en même temps.

La crème renversée nécessite un moule approprié; le moule à charlotte peut être utilisé, mieux vaut celui à cheminée. La présentation de la crème est meilleure, sans que l'entremets y gagne en qualité.

Pour faire le caramel, on verse le sucre en poudre (125 grammes) dans le moule et en posant celui-ci sur un feu pas trop fort, on fait fondre ce sucre *sans eau* en le surveillant constamment et en remuant, s'il est besoin, avec une cuillère en bois. Il faut faire attention au caramel pour qu'il ne se colore pas imparfaitement et aussi pour qu'il ne dépasse pas le degré voulu. Quand on a obtenu la couleur qui convient, on tourne le moule sur lui-même et en tous sens pour qu'il soit bien enduit partout de caramel : le fond et les parois doivent être bien tapissés.

Lorsque le caramel a acquis la coloration nécessaire, et si l'on craignait que, continuant à cuire, il brunisse trop, on mettrait le fond du moule dans de l'eau fraîche pour arrêter la coloration.

La crème est versée dans le moule et il suffit de la faire cuire soit au four simplement, soit, ce qui est mieux, en mettant le moule dans une casserole faisant office de bain-marie à demi-remplie d'eau. On fait cuire au four pendant une heure environ; la crème doit être ferme au toucher.

On laisse refroidir au moins deux heures avant de démouler. On renverse alors la crème sur un compotier; on joint le jus qui est dans le moule et qui forme une petite sauce.

Poitrine de Veau farcie

La poitrine de veau n'est guère utilisée pour faire des rôtis. On en fait des excellentes blanquettes et aussi, étant farcie, elle procure un bon plat à servir au déjeuner familial.

Il faut prendre une poitrine recouverte partout de la peau ou membrane qui doit y adhérer. Avec un bon couteau d'office, on détache les os et on les enlève sans entamer la peau; on fend la chair en dedans et on la détache jusqu'au bout du tendron, en même temps on retire adroitement une partie de la viande qui sera mise dans la farce.

Lorsque l'on a un peu de viande de desserte, soit un rôti, soit toute autre viande, il est inutile de retirer de la chair à la poitrine de veau, on ajoute cette viande cuite dans la farce, et c'est fort bon. Quelques personnes mettent aussi de la chair à saucisses.

Mais nous voulons indiquer comment on fera une excellente poitrine de veau farcie avec la viande elle-même ou un reste inutilisé à l'office.

Disons tout de suite qu'il ne faut pas craindre de farcir un gros morceau de poitrine de veau; si l'on a un très bon plat à manger chaud, ce devient, froid, une ballotine et même une façon de galantine qui est exquise et a l'avantage d'être peut-être moins lourde et partant plus digestible que chaude.

La farce. — Pour faire la farce, on met d'abord un bon morceau de mie de pain à tremper dans du bouillon; on prépare la viande que l'on a à sa disposition, on en enlève les parties nerveuses s'il y en a, ainsi que les peaux, mais on conserve la graisse. Cette viande est hachée finement avec un oignon émincé tout d'abord en petits dés, une échalote, du persil. Le tout étant bien haché menu, on le met dans une petite terrine, on le mélange avec la mie de pain trempée dans le bouillon que l'on aura bien essorée, on assaisonne de sel, poivre, épices; on ajoute un œuf entier, ce qui donne de la consistance à la farce.

Si l'on veut, on peut joindre un demi-verre de vin blanc et un peu de cognac, ce n'en est pas plus mauvais, bien certainement. La farce paraît-elle claire, rien ne s'oppose à ce qu'on saupoudre d'un peu de farine. De très bonnes farces de la grande cuisine se composent de sauce béchamel qui complète des apprêts fort divers, c'est analogue, on le voit.

Nous avons indiqué comment nous faisons la farce, mais les cuisinières novices seront sans doute bien aises d'apprendre que l'on peut utiliser pour la préparation des farces bien des éléments qui se trouvent souvent dans les cuisines.

On emploiera fort bien de la graisse ou de la viande de bœuf ou de veau, — pas de mouton, qui a un goût trop caractéristique, — des reliefs de volaille ou de gibier cuits de n'importe quelle manière; de la graisse de rognon de veau ou de bœuf, voire celle de porc, en retirant toujours la membrane qui la couvre. On met aussi du jambon, de la chair à saucisses dans les farces.

Très fréquemment, la confection d'un plat de ce genre, comprenant une farce quelconque, est suggérée par un reste qui serait inutilisé et qui est ainsi employé au mieux.

Avons-nous dit que les farces en général doivent être assez fortement assaisonnées, épicées même. On n'omet-tra jamais de mettre du sel fin, du poivre fraîchement moulu, puis de la muscade, des quatre épices si l'on veut, et un peu de thym et de laurier.

Les farces ont plus de goût si l'on fait dorer un oignon émincé finement dans de la bonne graisse; on y ajoute la mie de pain, la viande hachée et tous les assaisonnements que l'on passe au feu avant d'ajouter une pincée de farine; si le tout est sec, on joint une goutte de bouillon. On retire du feu et on laisse refroidir pour joindre l'œuf à la farce.

La poitrine farcie. — On a détaché de la poitrine les tendrons pour former une sorte de poche que l'on élargit le plus possible.

La farce est mise à la place des os, et dans la poche ainsi formée, on l'introduit facilement à l'aide d'une cuillère, puis on coud tout autour avec du gros fil et une forte aiguille ou, plus aisément, avec une aiguille à brider et du fil de cuisine, sorte de fine ficelle. On roule et on ficelle fortement si l'on veut avoir une façon de ballotine. En fermant seulement les ouvertures, la poitrine resterait dans sa forme; dans ce cas, on pourrait sans inconvénient y laisser adhérer les os, il suffit de les retirer en mangeant, c'est facile, car ils se détachent tout seuls.

Dans une casserole de grandeur appropriée, on a fait fondre une cuillerée de bonne graisse; l'épaule de veau farcie y est alors mise, on fait prendre couleur de tous côtés à la viande, on joint quelques petits oignons quand la coloration est à demi obtenue; puis on mouille avec eau ou bouillon, on met sel, poivre, bouquet garni; quelques carottes mises autour font bon effet, on les sert comme garniture. Si l'on mouille avec du bouillon, la quantité de sel doit être réduite : si on met de l'eau, on y joindra volontiers un peu de vin blanc.

La cuisson doit durer de deux heures et demie à trois heures à feu modéré et continu. On retourne la poitrine de veau de temps en temps, car il faut qu'elle soit glacée et bien cuite. Il est très bon de la faire cuire au four, ou avec feu dessus et dessous.

La cuisson faite, on retire la poitrine farcie de la casserole. On la débride et on la dresse sur le plat de service, puis on dégraisse le jus, on le fait réduire si besoin en est, et on le passe pour le verser dans une saucière et le donner en même temps que la viande.

On sert la poitrine de veau farcie avec un légume quelconque, mais plus volontiers une purée de pommes de terre, de haricots blancs ou de pois.

Harengs grillés Sauce Moutarde

En général, il ne faudrait acheter des harengs que lorsqu'ils sont pleins. Les laités sont les meilleurs, quoique nombre de personnes ne dédaignent pas

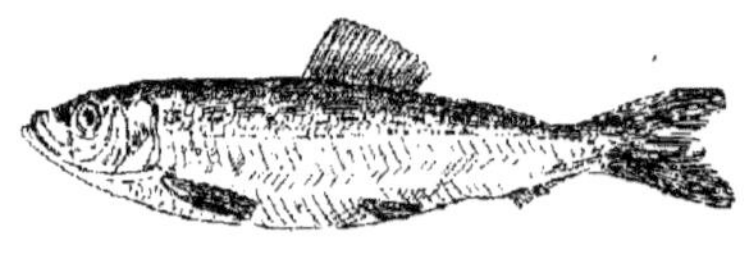

Hareng.

les œuvés, mais, en tous cas, les harengs vides ne sont nullement estimés.

Le hareng est un excellent poisson, à la condition qu'il soit plein, on ne saurait trop le répéter. La fraîcheur est d'absolue rigueur, l'œil doit être brillant et saillant hors de la tête, les

écailles, elles aussi, seront brillantes, la robe argentée. Le poisson ferme au toucher, les ouïes franchement rouges, d'un beau rouge vif, sont également des indices de fraîcheur et, par suite, de bonne qualité. Le corps doit être plutôt court que long et jamais aplati, mais rebondi et raide ; si les écailles avaient disparu en partie, ce serait un signe que le hareng n'a plus la fraîcheur voulue ; en ce cas, il n'est pas de bonne qualité et il ne faut pas l'acheter.

PROPORTIONS POUR 6 PERSONNES :

> 9 harengs de belle qualité ;
> 60 grammes de beurre ;
> Farine, moutarde, sel, poivre.

Pour préparer les harengs, il faut tout d'abord les écailler et les vider. Pour bien écailler, on ratisse à l'aide du couteau en allant de la queue vers la tête. C'est contre la queue et près de la tête que se trouvent souvent des écailles que l'on a négligées, il faut s'en méfier et veiller à ce que la propreté soit méticuleuse.

Le plus souvent, on fait enlever les ouïes par les marchands, mais il faut savoir y procéder :

Pour vider un poisson, on glisse l'index de la main droite sous les ouïes et on détache celles-ci en faisant tourner doucement le bout du doigt, de cette façon, on amène en même temps les intestins ou boyaux. Mais parfois et il faut s'en soucier — les intestins ne viennent pas tous avec les oreilles, on doit alors les retirer ensuite. *Ne jamais ouvrir le ventre*, c'est inutile ; avec la pointe du couteau, attraper les boyaux par le haut ou mieux par le bas du ventre, c'est en général facile et il y a toujours un petit boyau qu'il faut retirer ainsi, car il ne vient que bien rarement avec le reste. Si on ne pouvait y parvenir, on ferait au bas du ventre, là où sort la laitance, une toute petite ouverture, mais juste suffisante pour y passer le doigt; autrement, la meilleure partie du poisson s'échapperait à la cuisson.

Avec des ciseaux — spéciaux pour les poissons — on coupe les nageoires et le bout de la queue, c'est ce que l'on appelle ébarber des poissons. Il suffit alors de laver les harengs puis de les essuyer avec un linge sec bien propre. Le linge doit être propre, mais il n'est nullement nécessaire de se servir de beaux et bons torchons; au contraire, des linges usagés, mais propres, font très bien l'affaire.

En essuyant les harengs, il ne faut pas se hâter : essuyer doucement afin de ne pas écorcher la peau qui est très délicate.

C'est également pour que la peau ne s'enlève pas qu'il est nécessaire de chauffer le gril avant d'y placer les poissons. Certaines cuisinières trouvent bon d'inciser ou de ciseler légèrement de chaque côté les harengs. Nous ne jugeons pas cela nécessaire, car le hareng n'étant pas de grosse taille cuit fort bien à l'intérieur, sans qu'on entaille les chairs.

Il est indispensable de chauffer à l'avance le gril : si l'on veut, on huile ce gril; il faut que le métal soit bien chaud, sinon presque rouge, pour que l'on soit sûr que la peau du poisson n'y adhérera pas.

Les harengs auront été saupoudrés légèrement d'un peu de sel blanc, puis huilés très modérément. On les met sur le gril à feu vif; lorsque les harengs sont cuits d'un côté, on les retourne de l'autre : huit à dix minutes doivent suffire.

Le feu sera ardent, mais pas trop vif, car les harengs noirciraient et brûleraient; il faut qu'ils soient grillés, sans plus, car il contracteraient alors un goût d'amertume.

Sur le fourneau au charbon de terre, sur du charbon de bois, ou sous la rampe d'une grillade à gaz, on peut faire bien griller des poissons, mais toujours il importe de les surveiller de près.

Si on n'a pas salé les poissons ou si on ne les a assaisonnés que succinctement avant leur passage au gril, il faut, dès qu'ils sont cuits, les saler et poivrer. Dressez sur un plat chaud avec un peu de beurre frais.

Sauce Moutarde

L'accompagnement des harengs grillés est une sauce moutarde.

Donner simplement de la moutarde avec du beurre et un filet de vinaigre ne suffit pas. On prépare une petite sauce blanche :

Mettre dans une petite casserole gros comme un œuf de beurre; quand il est fondu, on ajoute une cuillerée à bouche de farine, on fait cuire quelque peu sur le coin du feu sans laisser prendre couleur; on verse peu à peu, en tournant, un verre d'eau chaude, en battant bien pour qu'il n'y ait pas de grumeaux. L'eau peut se remplacer par du lait, ce qui bonifie la sauce. On sale et on poivre, puis on ajoute de la bonne moutarde; la sauce ne doit pas cuire à partir du moment où la moutarde a été incorporée. La sauce est envoyée à part dans une saucière.

Les harengs peuvent être cuits un peu dans le beurre, après le passage au gril, ce n'en est que meilleur.

Canards aux Navets

Les petits canards ou canetons nouveaux sont très bons au printemps.

Si l'on peut en avoir à peu près en toute saison, il semble qu'on les apprécie de préférence au moment où les poulets jeunes n'ont pas atteint un développement qui en fasse de belles pièces.

Il faut faire choix d'un canard bien en chair ou d'un caneton assez gras; la viande de la volaille grasse sera beaucoup plus succulente, moins sèche que celle d'une bête qui n'a pas été bien engraissée.

Pour la préparation du canard, on procède comme pour toute autre volaille : on le plume, le vide, le nettoie comme à l'ordinaire. L'alcool est préférable à n'importe quelle flamme pour le flambage; à défaut, le gaz vaut mieux que du papier allumé.

Canard.

Le gésier du canard ne contient pas, comme celui des poules, une poche qui se retire facilement en enveloppant tous les détritus. Il faut, après avoir fendu la partie charnue, faire tomber ce que contient le gésier, puis on doit gratter l'intérieur de manière à retirer la peau qui tapisse les parois internes.

Cuisson du canard et des navets. — Un canard tendre nécessitera une heure et demie à deux heures de cuisson, on calculera donc la mise en train en conséquence pour qu'il soit cuit en temps voulu.

Si l'on voulait cuire un vieux canard, il faudrait compter environ quatre heures.

Des navets frais et tendres seront à point après trois quarts d'heure de cuisson. En été, lorsqu'ils ont souffert de la chaleur ou de la sécheresse, il faut un plus long temps, de même que pour des navets d'hiver.

Dans une casserole de dimension appropriée, pouvant contenir à la fois le canard et les navets, on commence par faire fondre du beurre ou de la bonne graisse, on y fait revenir de belle couleur le canard. Quand la bête est aux trois quarts dorée, on joint huit ou dix petits oignons qui doivent colorer, mais non brunir.

On assaisonne de sel et poivre et l'on ajoute une petite cuillerée de farine, on fait encore revenir pour obtenir un roux de belle couleur, mais pas brun, on mouille avec de l'eau chaude, puis on règle le feu pour continuer à faire cuire à feu doux.

On peut aussi, lorsque le canard est de belle couleur, le retirer sur un plat; en même temps ou après on a fait colorer les oignons que l'on retire également. Le roux est alors fait plus commodément; on le délaie avec l'eau nécessaire avant de remettre le canard et les oignons; on joint un bouquet garni et on laisse cuire jusqu'au moment où l'on mettra aussi les navets dans la même casserole.

Des navets plutôt petits que gros que l'on épluche un peu fortement. Si nombre de livres de cuisine recommandent de prendre des navets plutôt petits et entiers que gros et coupés, nous ne sommes pas entièrement de cet avis ; certes, les petits navets sont meilleurs, en général, mais nous spécifions qu'il faut les couper quelque grosseur qu'ils aient afin de vérifier leur propreté ; trop souvent, les navets sont véreux, il importe de s'en méfier.

Lorsque les navets ont été coupés en deux ou quatre, par exemple, il est bien simple, en les parant pour adoucir les angles, de faire ressembler les morceaux à de petits navets entiers.

Toujours, on aura essuyé les navets sans les laver, puis on les fera dorer dans une poêle en ajoutant, lorsqu'ils ont déjà à moitié pris couleur, un morceau de sucre.

Quand le canard, étant ferme, exige une longue cuisson, on se trouvera bien de ne pas mettre les oignons de suite, mais de les faire colorer en même temps que les navets. Ceci également au moment des oignons nouveaux qui fondraient si on les soumettait à une trop longue cuisson.

On ajoute les navets avec le canard et on fait cuire doucement et à feu continu. Il est sans doute superflu de dire que les navets auront pu déjà cuire à moitié lors de leur coloration à la poêle et qu'en ce cas, on ne les laissera pas longtemps avec le canard, néanmoins il est bon de laisser cuire la volaille avec le légume afin que l'un prenne le parfum de l'autre : le canard, le goût des navets et les navets le goût du canard.

Les navets ne doivent pas être trop cuits, car ils tourneraient en eau. Quant au caneton, il faut le cuire très doucement et le tenir plutôt un peu ferme que cuit à l'excès, un caneton trop cuit est mou et sans goût, mais il n'en est pas de même pour un canard n'ayant plus les qualités d'une jeune bête, celui-ci devra être bien cuit.

Toujours, il faut dégraisser avant de servir ; laisser bouillir à découvert si la sauce est trop longue ; au contraire, quand la sauce est un peu courte, on déglace le fond de la casserole avec une ou deux cuillerées d'eau ou de bouillon que l'on ajoute avec le jus.

Carpe aux Oignons

La carpe. — Il faut choisir une belle carpe dorée bien fraîche, de préférence large et peu allongée, mais toujours d'une rigoureuse fraîcheur ; si on peut se la procurer vivante, ce sera parfait.

On l'écaille avec soin, en n'omettant surtout pas de bien vérifier près de la tête, on ébarbe le poisson, on coupe les nageoires et on supprime la moitié de la queue.

Après avoir enlevé les ouïes, on fend la partie supérieure du ventre, ce qui permet de retirer ce qui se trouve à l'intérieur. Pratiquer cette opération avec grand soin pour ne pas crever l'amer. Réserver la laite ou les œufs qui sont très appréciés des amateurs : la laite est fort estimée, on le sait, mais les œufs sont également bons ; étant cuits, ils forment une masse compacte d'une jolie teinte jaunâtre ; la laite, plus délicate, est toujours blanche.

PROPORTIONS POUR 6 PERSONNES :

    1 carpe pesant de 800 gr. à 1 kilog ;
    1 kilog. environ de gros oignons ;
    1 cuillerée de farine ;
       Vin rouge, 1 demi-verre ;
       Sucre, 2 morceaux ;
       Cannelle, muscade, thym, laurier, persil, ail ;
    2 cuillerées à soupe d'huile blanche.

La cuisson de la sauce. — On commence par s'occuper de la sauce : après avoir épluché les oignons, on met sur le feu une grande poêle où on fait chauffer de l'huile. Dès que cette huile fume, on y joint les oignons qui ont été coupés en tranches très minces, on les fait blondir en les remuant de temps en temps avec une cuillère de bois. Ces tranches qui, d'elles-mêmes, se séparent en filets lors de la cuisson, doivent cuire doucement, mais non griller; les oignons auront une belle couleur blonde sans plus, il ne faut pas qu'ils brunissent; on aura plus simple de poser la poêle sur le coin du fourneau ou sur un feu très doux.

Pendant que les oignons cuisent, on peut s'occuper de préparer la carpe.

Lorsque le poisson a été proprement nettoyé, on le coupe ainsi qu'il suit : en le plaçant sur une planche bien propre, on le divise en tronçons de l'épaisseur de 4 à 5 centimètres. La tête se trouvant plus grosse que les autres parties, il est préférable de la couper en deux sur l'épaisseur; on la place, à cet effet, debout sur la planche, le museau en l'air; on pose le couteau en bonne place, au milieu, tandis qu'avec l'aide d'un couperet on la divise facilement.

Les oignons étant dorés uniformément, on ajoute la cuillerée de farine, on remue sur un petit feu jusqu'à ce qu'elle soit d'une belle couleur blonde; alors seulement on délaie avec de l'eau chaude, et quand le tout est bien mélangé, on joint un demi-verre de vin rouge, puis on ajoute les assaisonnements : sel, poivre, une pincée de cannelle en poudre, un peu de muscade

râpée, une petite gousse d'ail écrasée, une pointe de feuille de laurier, une brindille de thym, un petit bouquet de persil, sans oublier les deux morceaux de sucre ou quantité équivalente de sucre en poudre; on joint un filet de vinaigre.

Quand les oignons semblent déjà quelque peu cuits, qu'ils sont fondus en partie, on y joint la carpe coupée en morceaux. Auparavant, on aura bien remué la sauce et les oignons, parce qu'il sera beaucoup moins aisé de remuer alors que le poisson aura été mis dans la poêle. Du reste, il faut prendre grand soin de conserver bien intacts tous les morceaux; les œufs, surtout, étant remués, se répandraient dans la sauce, on ne les retrouverait plus et, ainsi disséminés, ils enlèveraient au plat sa netteté.

On doit s'assurer de la cuisson et, sans remuer précisément, se rendre compte, à l'aide d'une cuillère de bois, que rien ne prend au fond de la poêle. Lorsque les morceaux de poisson sont cuits d'un côté, ce qui nécessite de 12 à 15 minutes, on les retourne un par un en se servant de deux cuillères ou de deux fourchettes.

En tout, la cuisson de la carpe doit être de 30 à 40 minutes. On la dresse dans un plat long de service en lui rétablissant sa forme; autour, on met les oignons et la sauce dont on a retiré le bouquet garni.

On servira chaud ou tiède, mais pas froid. Le lendemain, on mettra à tiédir au four ce qui reste.

TABLE DES MATIÈRES

Le
Léo

VÉRITABLE
CAPUCINE
ANGERS
LIQUEUR
DIGESTIVE

www.ingramcontent.com/pod-product-compliance
Lightning Source LLC
LaVergne TN
LVHW021858170726
843503LV00003B/1282